京津冀信息服务业
协同发展研究丛书

总主编◎王成慧

# 京津冀信息服务业发展报告
## （2015）
## ——协同发展与产业升级

郭　斌　陈　倩◎编著

THE BEIJING–TIANJIN–HEBEI INFORMATION SERVICE
INDUSTRY DEVELOPMENT REPORT（2015）：
BASED ON THE PERSPECTIVE OF COLLABORATIVE DEVELOPMENT
AND INDUSTRIAL UPGRADING

经济管理出版社
ECONOMY & MANAGEMENT PUBLISHING HOUSE

**图书在版编目（CIP）数据**

京津冀信息服务业发展报告（2015）——协同发展与产业升级/郭斌，陈倩编著．—北京：经济管理出版社，2016.4
ISBN 978 - 7 - 5096 - 4331 - 0

Ⅰ．①京…　Ⅱ．①郭…②陈　Ⅲ．①信息服务业—区域经济发展—研究报告—华北地区—2015　Ⅳ．①F719.9

中国版本图书馆 CIP 数据核字（2016）第 069760 号

组稿编辑：王光艳
责任编辑：许　兵
责任印制：司东翔
责任校对：赵天宇

出版发行：经济管理出版社
　　　　　（北京市海淀区北蜂窝 8 号中雅大厦 A 座 11 层　100038）
网　　址：www.E - mp.com.cn
电　　话：（010）51915602
印　　刷：北京九州迅驰传媒文化有限公司
经　　销：新华书店
开　　本：720mm×1000mm/16
印　　张：11.75
字　　数：196 千字
版　　次：2016 年 5 月第 1 版　　2016 年 5 月第 1 次印刷
书　　号：ISBN 978 - 7 - 5096 - 4331 - 0
定　　价：58.00 元

**基金项目：**

北京市教委市属高校创新能力提升计划项目"京津冀信息服务业协同发展模式与国际化战略研究"（TJSHS201510031008）；北京市自然科学基金项目"中关村高新科技企业技术创新的国际共生网络研究"（9154027）；北京市人文哲学社科基金项目"突发事件背景下城市旅游形象的测评与提升研究"（14JGC088）；北京市人文哲学社科基金项目"TPP框架下中关村高新科技企业技术创新的国际共生路径研究"（14JGC089）。

# 总　序

　　信息服务业是指以信息资源为基础，利用现代信息技术，对信息进行生产、收集、处理、输送、存储、传播、使用并提供信息产品和服务的产业。21 世纪以来，信息服务全面渗透到经济和社会发展的各个领域，软件技术创新不断深化，商业模式加速变革，产业格局深刻调整，为我国信息服务业的发展创造了重要战略机遇。在实施"人文北京、科技北京、绿色北京"战略，建设"世界城市"的历史进程中，信息服务业作为重大战略性支柱产业，对北京提升自主创新能力，促进经济发展方式转变，加快经济结构调整，发挥了核心支撑和高端引领作用。2000～2013 年，北京市软件和信息服务业增加值从 164.4 亿元增长到 1749.6 亿元，年均复合增速 20%；占全市 GDP 的比重从 2000 年的 5.2% 增加到 9%，占第三产业增加值的比重从 2000 年的 8.0% 增加到 11.7%。电子商务、电子支付、数字媒体、电子教育等新兴信息服务产业均保持全国领先，为北京市的产业结构调整做出了重要贡献。仅就中关村软件园而言，截至 2013 年底，园区就集聚了百度、腾讯（北京）总部、新浪总部、亚信科技、华胜天成、文思海辉、博彦科技、软通动力、中科大洋、启明星辰、中核能源、广联达等 277 家国内外知名信息服务企业总部和全球研发中心，总产值达 1213 亿元，总部设在园区的中国软件百强企业 7 家、收入过亿元企业 38 家。中关村的企业基于在信息化软件技术方面的优势，推动信息系统和互联网与行业深度融合，全面带动制造、零售、金融、文化、公共服务等产业升级。中关村电子商务、互联网金融、数字制造、文化创意、智慧城市、科技服务等现代服务业快速发展，产业形态集中在基于软件技术的研发设计和商务销售等高附加环节。如在电子商务领域，聚集了京东、当当、聚美优品等领军企业，B2B、B2C、电子支付等领域引领全国创新发展。在影视文化领域，集聚了乐视网、爱奇艺、优酷等一批创新能力强的影视内容、数字音视频技术、设计服务提供商。

在新的形势下，北京信息服务业将面对两大战略任务：

第一，在京津冀一体化国家战略背景下，如何发挥北京市信息服务业的引领作用，完善信息产业结构和产业布局，与津冀地区建立科学的战略合作关系，实现产业链分工合作、资源互补、产业链重构以及生态合作，实现地区产业间协调发展而非同质竞争。2014年北京市政府工作报告中明确提出，北京市"全国政治中心、文化中心、国际交往中心、科技创新中心"新的核心功能定位，"优化三次产业结构，突出高端化、服务化、集聚化、融合化、低碳化"，以及"加强环渤海和京津冀地区的协同发展"重大战略布局，习近平总书记更是将京津冀一体化协同发展提升到国家战略层面。然而，京津冀一体化协同发展不是空中楼阁，需要从社会、经济、文化等层面具体落实。信息服务业作为一种典型的知识技术密集型、对城市功能影响大、对产业发展影响大的高端现代服务业，应当成为京津冀一体化协同发展的优先领域。因此，从京津冀三地信息服务业产业链分工、空间布局、产业政策配套、公共服务协作等战略层面，深化对京津冀地区信息服务业产业战略布局和协同发展的研究，既符合当前政策的需要，更有助于推进该区域信息服务业的长期可持续发展。

第二，在全球经济一体化和服务贸易迅猛发展的国际背景下，如何推动信息服务企业参与国际市场竞争，加紧海外布局，扩大国际市场影响力和市场份额，增强面向全球市场的服务能力，使北京市真正成为世界最具潜力服务型城市；如何培育一批具有全球竞争力的大型企业，成为全球信息服务业创新中心，推动北京市成为世界级信息服务业城市。从产业层面来看，经济全球化的发展及产业本身的特性使信息服务业从一开始就呈现出高度国际化发展的趋势。从政策层面来看，《北京市国民经济和社会发展第十二个五年规划纲要》、《2006～2020年国家信息化发展战略》、《北京城市总体规划（2004～2020年）》、《北京市"十二五"时期生产性服务业发展规划》以及《北京软件和信息服务业"十二五"发展规划》系列政府文件中，均将信息服务业的国际化放在了重要战略地位。从企业经营层面来看，北京市已经有诸多现代信息服务企业，如用友公司、完美时空公司、中讯公司、博彦公司、启明星辰、百度公司、书生公司、嘉博文公司，已经跨越了起步阶段，开始驶入快车道，经营国际化也表现出了越来越丰富的内涵，已经形成服务产品出口、软件服务外包、国际开发合作、留学生创业、境外融资、跨国并购等多种国际化经营模式，以及"引进来"与"走出去"相结合的双向开放格局。因此,研究北京信息服务业如何充分利用全球各地人才资源、市场资源和资本资源,在美国、欧洲、日本等技术创新前沿地区建立面向全球市场的研发中心,在一些成本低、产品开发质量高的地区建立开发中心,如何进一步开发欧美日等成熟信息需求市场,积极开拓新兴国家市场,如何继续促进企业在海外上市,利用资本市场的影响力开拓全球市场。这是经济全球化和北京建设"世界城市"的应有之义和必然要求。这就客观上要求我们必须对信息服务企业的国际化经营的方向、区位、目的地选择、模式与途径、发展步骤、国际化模式、产业细分领域、技术创新、商业模式创新、组织创新、文化创新以及在国际化经营的不同环节的实现形式等领域做出前瞻性的研究,从而为探索大都市现代信息服务企业国际化经营成功发展道路、构建适应中国国情和北京市情的现代信息服务企业国际化模式研究体系提供指南,特别是为北京市政府各部门信息服务产业政策的制定、北京市信息服务业国际化发展定位、融资与投资决策、经营战略决策等方面提供智力支持。

所以,在近些年研究的基础上,我们推出这套《京津冀信息服务业协同发展研究丛书》,通过系列专著、论文、报告等,陆续发表我们的研究成果。如果这套著作中的某些观点或思路能对京津冀信息服务业协同发展的理论与政策研究增砖添瓦,或者能对京津冀信息服务类企业的经营实践有所启迪、有所帮助的话,那么对我们而言就是莫大的荣幸,也是莫大的欣慰。京津冀信息服务业协同创新是一个新的研究课题,涉及了丰富的理论内涵、综合性的知识结构,以及飞速发展的社会实践,均需要对此进行不断深入研究和精心归纳。我们希望这套丛书的出版,能推进与提高京津冀协同发展理论的研究水平,为创新区域协同发展政策贡献绵薄之力。当然,丛书中尚有许多不尽人意的地方,希望各位读者多提宝贵意见和建议,以便于我们不断修订、完善。

是为序。

王成慧

2016 年 3 月 15 日

# 前　言

20 世纪 80 年代末以广州市和深圳市为代表的珠三角地区，以及 90 年代初以上海市浦东滨海新区为代表的长三角地区，成为我国改革开放的前沿阵地，对于国家经济增长起到巨大的促进作用。由此，珠三角与长三角便成为引领我国产业发展的增长极。然而，反观京津冀地区，被视为我国经济增长与产业发展的第三极，无论是自然资源、土地面积、地理位置、优惠政策、资本供给，人力资源等方面，其综合优势都超过长三角和珠三角。但就其信息服务业的发展活跃度及区域整合收益而言，京津冀地区的协同发展绩效相对落后。大致可以归纳为以下四点不足：

## 一、科技合作很多，但协同能力不强

京津冀地区有完整的科技体系、丰富的科技人力资源、密集的科研机构，以及强大的科研开发深度，是全国智力资源最富集的地区之一。在京津冀协同发展的大背景下，三地信息服务业内的科技合作日益紧密。例如，目前中关村已有 400 多家企业在河北设立 1000 多家分支机构；北京大学与天津市达成 170 余个合作项目，与河北省达成 160 余个合作项目。而且，清华大学与河北省共建清华发展研究院，并建立固安科技孵化基地；中国科学院北京分院成立天津电子信息科技产业园，在秦皇岛市建设数据产业研发转化基地，以及在唐山市设立高新技术研究与转化中心等。2014 年，京津冀三地各级政府部门联合签署了《京津冀国际科技合作框架协议》、《京津冀协同创新发展战略研究和基础研究合作框架协议》等多项指导性合作协议，在信息服务业上将聚焦点着重放在技术创新协同、产业发展协同、政策协同联动等方面。当前在信息服务业内有种种迹象表明，京津冀科技交流合作已形成稳固态势。由此，北京市富集的信息科技资源将惠及津冀两地，为京津冀信息服务产业的协同创新与发展注入强大动力。然而，也面临一些问题与挑战：一是创新投入及创新产出间出现"不对等"特征。北京市、天津市、河北省2013年R&D投入强度分别达到6.08%、3.0%、1.12%，但是北京市的专利授权量与密度均高于天津市、河北省。二是京津冀产业内部的创新资源流动还存在障碍，缺乏科技资源整合的平台。三是京津冀信息服务业尚处于各自创新的发展阶段，还未形成"产学研官相结合"的区域产业创新共同体。也就是说，影响京津冀产业科技资源流动及创新效率提升的因素，一方面是三地在收入、教育、医疗、公共服务等方面发展水平的巨大差距；另一方面由创新氛围、市场环境及制度体系等政策治理及市场机制等体制性因素差别造成①。因此，京津冀信息服务业的科技协同创新需要从政策、市场两方面入手，促进科技资源流动、科技成果转化和科技潜能释放。

**二、产业梯度明显，但链接融合不够**

近年来，北京市形成了一批具有特色项目的产业集群。例如，以中关村为依托的高科技产业集群，以CBD生产性服务业和金融街金融产业为代表的现代服务业产业集群，以开发区为载体的现代制造业产业集群等。天津市也建立了一批产业示范基地，如天津经济技术开发区汽车产业示范基地、天津滨海新区石油化工产业示范基地、天津经济技术开发区电子信息产业示范基地、天津空港工业园区航空产业示范基地等，都陆续成为国家新型工业化产业示范基地。河北省也在积极打造新型产业集群，如保定"中国电谷"、廊坊信息产业基地、唐山特种钢创新集群、秦皇岛数据产业园等。同时，京津冀区域各级产业分工体系也逐步建立，三地比较优势各异，产业梯度明显。2013年，北京市第三产业比重高达76.9%，逐渐形成"以服务为主导、以创新驱动为特征"的现代产业体系。而天津市第二产业比重为50.6%，逐步形成"以高端制造和技术密集为特征"的高端产业体系。其中，航天航空、高端装备制造等八大优势产业产值已占工业总产值的90%。此外，河北省整体产业体系以资源加工型和资本密集型为突出特征。由此，北京市将作为京津冀地区的科技创新策源地，而将天津市重点建设成为现代制造、成果转化的重要基地，河北省作为拥有丰富要素资源的制造业基地，具

---

① 邢元敏，薛进文．新时期京津"双城记"：京津冀协同发展研究（一）［M］．天津：天津人民出版社，2014.

有形成"北京研发、天津转化、河北配套"区域产业分工格局的基础条件。目前，京津冀总体产业发展还面临一些主要问题：一是缺乏有国际竞争力的世界级产业集群，京津冀区域产业各成体系，集聚度不够，全球竞争力不显著。虽然河北省的产业总量很大，但主导产业的集中度较低。二是产业梯度存在断档，各层产业链不衔接，产业间的关联度较低。特别是，河北省对京津的产业承接能力不强。三是产业园区缺乏整合。京津冀三地相继建立了许多经济开发区、科技高新区等产业园区，但在京津塘、京保石、大滨海等产业带上仍是各自发展，缺少对这些产业园区进行整合的科技服务平台、信息共享平台和成果交易平台等。因此，影响京津冀区域产业协同发展的主要障碍在于"断链"，即尚未基于产业链进行合理的分工与布局，难以形成合力。

### 三、交通体系初具，连接整合不足

京津冀地区是我国基础设施齐全、技术装备水平高、整体输运能力强、客货运量繁忙的综合性交通枢纽之一。在此区域内，有35条高速公路和200余条各国省干线，纵横相连，初步形成覆盖京津冀11个地级市的"三小时交通圈"。沿海港口货物通过能力已达7.5亿吨，占全国的16%。此外，京津冀三地之间的长途客运班线已开通900余条。而且，区域交通统筹规划正在制定之中。未来，三地将联手构建高效、快捷、现代化、立体式、综合性的交通体系。但目前，影响京津冀区域通达性和交通运输率的主要问题：一是超大城市市内轨道交通密度不够，市郊铁路发展不足。目前，北京市的地铁运营里程为465公里，仅相当于东京的28%；市郊铁路建设更是严重滞后。二是交通建设缺乏统一规划，三地各自为政，"断头路"问题严重，城市间缺乏直接运输，未能形成区域交通内循环。而且，铁路、公路又呈现明显的"单中心"放射式分布特征，大量过境交通给北京市、天津市带来巨大的交通压力。三是区域机场群、港口群间也缺乏分工与协作，海港、空港间未能实现互联互通，铁路、公路、机场、港口等多种运输方式间更是衔接不够。因此，在京津冀交通领域协同发展，可从"对接"入手，以"建设快速高效、大容量低成本、现代化、立体式的综合交通体系"为目标，按照统一标准规划，对区域内现有交通资源进行有效整合，加密交通网络，实现多种交通方式的无缝对接，达到"货畅其流"和"客便其行"，加快京津冀地区的人才、物资及资本等资源的流动速度。

### 四、公共服务水平提升、公共资源配置不均

虽然京津冀集聚了全国最优质的教育、文化、医疗、科技等公共服务资源，而且近些年区域整体公共服务水平逐渐提升，但区域间的服务质量差距较大，严重影响京津冀各城市间的要素流动、功能疏解与协同发展。从教育资源来看，北京市、天津市的教育资源丰富，高校密集，名校集中。2012 年北京市、天津市、河北省三地人均公共教育支出分别为 3038 元、2680 元、1188 元，北京市是河北省的 2.56 倍。其中，京津冀信息服务业协同发展的最大障碍也集中在区域内公共资源的不均衡配置，影响了人口、产业及功能在区域内的合理布局，是导致特大城市人口过于膨胀、中小城市吸纳力不足、难以形成多中心城镇格局的重要原因。从更深层次来看，京津冀公共资源配置不均衡，是由地方经济发展水平和财力差异过大造成的。北京市、天津市为直辖市，经济发达、财力雄厚，当地政府有能力供应相对完善的公共服务，而河北省经济实力较弱，财力不足。因此，在公共服务领域的协同创新，应加快推进基本公共服务均等化，改革现行的财政体制，完善横向财政转移支付制度，按照人口数量和区域面积等客观标准建立公共服务共建共享机制，构建京津冀跨省、跨市公共服务分担与统筹体系。

综上所述，京津冀区域内信息服务业的发展还存在较大差距，且集群效应不明显。这种区域发展差异造成了各区域的分工不明确，使其资源优势得不到充分利用，区域内的经济增长潜力并没有充分开发出来，进而影响到区域整体经济的发展。当前政策及发展需求都共同推动京津冀进行协同创新，发挥地区各自优势，促进行业间的合理分工。因此，为了实现经济的更好发展和城市化进程的不断深入，京津冀三地信息服务业协同发展是必然的选择。首先，当一定区域的城市之间形成辐射带动的"大都市圈"后，经济、社会、生态的联系会变得更加紧密，就会形成一个信息服务相对完整的城市集合体，更利于区域经济的快速发展，因此，城市的发展与区域信息服务业发展有着紧密的联系。其次，通过协同发展，使信息服务业发展水平较高的地区向发展水平较低的地区辐射，使不同发展水平地区间的资本、技术、人才、信息等进行交流，思想观念、生活习惯等得到传播，从而提高信息资源的利用率，更好地促进区域信息服务业的发展。最后，在实现京津冀现代服务业一体化的大趋势下，信息服务随着网络技术的运用和基础设施的不断完善，其跨省市发展的障碍比较少，因此，京津冀三地信息服务业的融合与发展将成为京津冀区域经济发展的着力点之一。

　　本书立足于京津冀对信息服务业协同发展的迫切需求，对当前各城市信息服务业的发展现状、产业特征和未来趋势展开系统性的研究。在分别阐释北京市、天津市、河北省信息服务产业历年经济数据的同时，围绕区域协同发展与产业升级转型等方面的理论与实践问题进行综合论述，其宗旨是为了探索如何促使京津冀优势资源互补、产业链合理对接，以推动区域信息服务业的协同创新与发展。全书分为四章内容，分别阐释京津冀信息服务业的发展现状、优势领域、重点项目，以及扶持信息服务业发展的相关政策。本书出版后，对进一步深入研究京津冀信息服务业协同发展、促进产业转型升级、推动区域协同创新都具有重要意义。以期对国家相关部委领导，各省、市、县相关领导，权威专家、学者，信息服务产业链相关企业，产业科研单位，行业咨询顾问机构等有一定的借鉴价值。当然，本书是团队集体力量和智慧的结晶，资料整理与撰写的具体分工如下：第一章（李晓昕、万少萍），第二章（朱云、宋艳静），第三章、第四章（孟程燕、赵如平），附录（李晓昕），最后由郭斌和陈倩统一核稿。此外，本书的编写得到了国内很多专家、学者的指导与支持，同时参考了近年来京津冀协同发展与创新研究领域的最新成果，在此谨向相关专家和学者深表谢意！由于作者水平所限，书中难免还有疏漏和错误，敬请各位专家和读者批评指正！

编者

2016 年 3 月 18 日

# 目　录

# 第 一 章

## 京津冀信息服务业发展现状

伴随信息技术的普及与运用，信息服务业凭借其对其他产业的带动性强、产业关联度高、经济效益好、环境污染小的特点，成为了现代服务业中发展最快、技术创新最活跃的一个新兴行业，并以较强劲的发展势头成为了国民经济一个新的经济增长点。京津冀地区是我国重要的政治、经济、文化中心，也是我国率先实现现代化的区域，在我国参与全球化的经济竞争中处于重要的战略地位。京津冀"两市一省"在资源优势和生产要素等方面具有很强的互补性，这就为这一经济区域的差异化融合发展创造了条件。国家发改委制定的《京津冀都市圈区域综合规划》中明确将京津冀定位为"以技术、信息、金融、客货交通枢纽为依托的我国北方最具影响力和控制力的门户地区"。在实现"京津冀现代服务业一体化"的大趋势下，由于传统服务业受地域限制，一定程度上也制约了彼此间的合作。随着网络技术的运用和通信设施的不断完善，信息服务跨省市发展的障碍逐渐减少。因此，信息服务业的区域融合将成为"京津冀区域经济一体化"的一个着力点。

## 第一节  整体情况

信息服务业是指利用计算机和通信网络等现代科学技术从事信息的采集、存储、加工、传递，以及提供各种服务培养高级人才，提供高度专业化信息的产业。其主要包括信息传输服务业、信息技术服务业，以及数字内容等产业。

## 一、北京市

据北京市统计年鉴数据显示，北京市第三产业增加值占地区生产总值的比重较高。在第三产业中，信息服务业发展稳定（见图1-1），在服务业中，仅次于金融业和批发零售业，已经发展成为北京市重要的支柱产业。

**图1-1　北京市2005～2014年信息服务业占地区生产总值及第三产业比重**

资料来源：2006～2015年《北京统计年鉴》。

2014年北京市信息服务业产值首次突破2000亿元大关，实现产值2062亿元（见图1-2），比2013年增长11.7%，占全市GDP比重为9.7%，较2013年提高0.3个百分点，在支撑北京市第三产业发展、产业结构优化等方面起到了重要作用。从发展突破来看，2009年北京软件和信息服务业产值突破了1000亿元。经过了5年的时间，到2014年，北京软件和信息服务业首次突破2000亿元，可见北京市信息服务业发展速度之快。此外，北京市信息服务业的增加值在全国各省市的排名中仅次于江苏省和广东省两个大省，处于绝对的主导地位①。2014年北京市软件和信息服务业投融资规模达到1308.42亿元，较2013年上涨13.9%。其中，投融资金额632.71亿元，企业并购融资金额460.71亿元，企业上市融资金额214.99亿元②。社会资本对行业的投入规模大幅扩张。

---

① 于澜.北京市信息服务业的发展现状和竞争力水平分析［J］.经营管理者，2015（31）.

② 北京软件和信息服务业协会.北京软件和信息服务业产业发展报告2014［R］.2015.

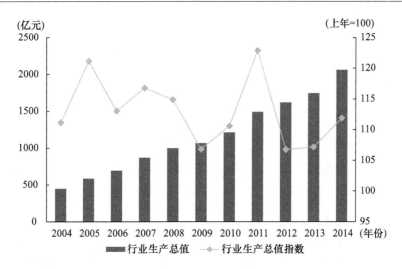

**图1-2　北京市2004~2014年信息服务业地区产值**

资料来源：2005~2015年《北京统计年鉴》。

截止到2013年末，全市共有信息服务业法人单位47608个（见图1-3）。相较2012年的22151个，增长了53%。资产总量达到2.8万亿，占全市第二产业、第三产业资产总量的2.3%。从业人员930016人，分别比2008年末增长了201.7%和99.4%①。产业发展的质量和效益进一步提升，2014年全行业人均营业收入86.9万元，同比增长5.5%，规模以上企业平均收入达到2.1亿元，同比增长16.7%。

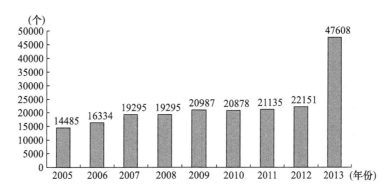

**图1-3　北京市2005~2013年信息服务业法人单位数**

资料来源：2006~2014年《北京统计年鉴》。

---

① 资料来源：《北京市第三次全国经济普查主要数据公报》。

## 二、天津市

信息技术在国民经济和社会各领域的应用效果日渐显著，已经渗透到社会生活和经济发展的各个方面，为企业和公众参与经济社会活动创造了便利条件，有效地推进了天津市现代化进程。信息产业是天津市重要的支柱产业，在信息制造业发展方面，天津市的优势突出，显示出强劲的增长势头。截至2013年末，全市已有信息传输、软件和信息技术服务业企业法人单位7746个，从业人员11.55万人，分别比2008年末增长320.29%和194.97%。在信息传输、软件和信息技术服务业企业法人单位中，内资企业占比达到97.17%，港、澳、台商投资企业占0.76%，外商投资企业占2.07%。另外，在信息传输、软件和信息技术服务业企业法人单位从业人员中，内资企业从业人员人数占行业总数的83.78%，港、澳、台商投资企业占10.20%，外商投资企业占6.02%（见表1-1）。

表1-1　按登记注册类型分组的信息传输、软件和
信息技术服务业企业法人单位和从业人员　　　单位：个，人

| 企业类别 | 法人单位数 | 从业人员数 |
| --- | --- | --- |
| 内资企业 | 7527 | 96775 |
| 国有企业 | 82 | 9081 |
| 集体企业 | 31 | 383 |
| 股份合作企业 | 18 | 169 |
| 联营企业 | 23 | 110 |
| 有限责任公司 | 2385 | 41309 |
| 股份有限公司 | 75 | 2491 |
| 私营企业 | 4509 | 39822 |
| 其他企业 | 404 | 3410 |
| 港、澳、台商投资企业 | 59 | 11777 |
| 外商投资企业 | 160 | 6957 |
| 合计 | 7746 | 115509 |

资料来源：《天津市第三次全国经济普查主要数据公报（第三号）》。

2013年末，信息传输、软件和信息技术服务业企业法人单位资产总计1479.36亿元，比2008年末增长300.1%（见表1-2）。另外，信息传输、软件

和信息技术服务业中的中小微企业法人单位发展迅猛，共 7560 个，约占行业总量的 97.60%；从业人员 7.49 万人，约占行业总人数约 64.85%；资产总计 869.78 亿元，约占行业总资产的 58.79%。

**表 1 - 2　按行业分组的信息传输、软件和信息技术**

**服务业企业法人单位资产**　　　　　　　　　单位：亿元

| 领域类别 | 资产总计 |
|---|---|
| 电信、广播电视和卫星传输服务业 | 403.08 |
| 互联网和相关服务业 | 73.74 |
| 软件和信息技术服务业 | 1002.54 |
| 合计 | 1479.36 |

资料来源：《天津市第三次全国经济普查主要数据公报（第三号）》。

### 三、河北省

加快现代信息服务业的发展，是河北省"十二五"时期转变经济发展方式、优化产业结构、构建现代产业体系和提高产业竞争力的迫切需要，是增强河北省竞争力的必然选择，也是河北省现代化建设的全局战略举措。2006 年，河北省信息服务业营业收入增长速度较快，总产值达到 165.7 亿元；2012 年达到 356.3 亿元，年均增长率达到 13.62%，占服务业比重达到 3.7%[①]。以电子信息业为例，2011 年全省电子信息产业累计完成主营业务收入 1032.9 亿元，同比增长 18.5%，但只占全省 GDP 的 4.26%；2012 年达到 751.39 亿元，年均增长率达到 13.62%，占服务业比重达到 3.7%。虽然比重很小，但也说明了河北省的电子信息行业的发展潜力比较大。同时，全省电子信息产业规模继续扩大，传统企业达到 530 家，同比增长 14%。随着《关于加快河北省软件产业和集成电路产业发展的若干规定》、《关于优先发展信息产业的若干政策规定》和《关于利用信息技术改造提升传统产业的指导意见》的出台，"十二五"时期信息化建设的发展，信息产业发展专项资金的设立，省信息产业投资公司的组建等，河北省信息传输、计算机服务和软件业得到了更快、更好的发展。例如，通过"双软认定"

---

① 张娟娟. 京津冀视角下天津信息服务产业竞争力比较分析［J］. 信息系统工程，2014（8）.

的软件企业超过 200 家，软件产品 1000 余项，计算机信息系统集成资质企业达到了 40 家。计算机信息服务市场不断规范，网络增值服务、电子商务等信息服务业加快发展。无线电管理进一步科学规范，建立了较完整的无线电台站数据库，初步建成了覆盖全省的无线电监测网系统和设备检测体系，有效提高了频率指配、台站审批的科学性和监管技术水平。

# 第二节　产业结构

在对京津冀信息服务业近十年相关数据进行整理的基础上，分别对三个地区信息服务业的产值规模、企业发展状况、并购及投融资情况、基础设施建设等若干方面进行描述分析，从而了解三个地区信息服务业的发展趋势和现状。

## 一、北京市

### 1. 并购、投融资情况

近些年，北京地区软件企业上市集中在深圳（占比 39.3%）、美国（35%）、中国香港（15%）和上海（9.3%）。自 1997 年以来，每隔 4~5 年上市企业出现增长小高峰，2010 年达到峰值 24 家。2015 年，北京市共有 6 家信息服务业相关企业成功上市，分别是中文在线、昆仑万维、浩丰科技、暴风影音、窝窝团、汉邦。社会资本对行业的投入规模大幅扩张。2014 年，北京市信息服务业投融资规模达到 1308.42 亿元，较 2013 年上涨 139%。其中，投融资金额 632.71 亿元，企业并购融资金额 460.71 亿元，企业上市融资金额 214.99 亿元。从投融资的结构类型来看，2013 年整个风险投资对北京市信息服务业投资中的 D 轮融资占主要比重，达 39%。2014 年投融资案例共计 447 起，是 2013 年的 4.2 倍。A 轮融资案例比重从 2013 年的 40% 上升至 2014 年的 46%，融资额占比上升明显，提升近 5 个百分点。已披露金额的投融资案例融资金额从 2013 年的 109.34 亿元增长至 2014 年的 363.65 亿美元，增幅为 233%[①]。2014 年北京市信息服务业共发

---

① 北京软件和信息服务业协会. 北京软件和信息服务业产业发展报告 2014［R］.2015.

生并购案例 121 件，涉及金额约 463.4 亿元①。其中，北京市企业发起并购本市企业案例 37 件，涉及金额 67.44 亿元；北京市企业并购外地企业案例为 36 件，涉及金额为 91.35 亿元；北京市企业发起并购海外企业案例 6 起，涉及金额 16.51 亿元；外省市并购北京企业的案例为 42 件，涉及金额约 288.06 亿元。从投融资的领域来看，互联网教育、互联网游戏、文化数字创意、系统软件、云计算服务融资案例均超过 5 起，成为新的市场增长点（见表 1 - 3）。2014 年，北京新一代互联网应用（含互联网金融、互联网游戏、互联网教育及其他新一代互联网应用）、电子商务两个领域最为活跃，共发生 54 起，融资金额达到 166.7 亿元，占总融资金额的 36%②。

表 1 - 3 各领域并购案例与涉及金额占比情况表

| 领域类别 | 案例数（个） | 交易金额（万元） | 占比（%） |
|---|---|---|---|
| 行业信息化 | 23 | 565741 | 12.21 |
| 互联网游戏 | 22 | 1231084 | 26.57 |
| 其他新一代互联网应用 | 18 | 294289 | 6.35 |
| 系统软件 | 11 | 491436 | 10.61 |
| 信息安全 | 8 | 243291 | 5.25 |
| 大数据 | 6 | 255370 | 5.51 |
| 北斗车联网 | 5 | 837100 | 18.07 |
| 电子商务 | 5 | 41920 | 0.90 |
| 互联网教育 | 5 | 37293 | 0.80 |
| 云计算 | 5 | 17380 | 0.38 |
| 互联网金融 | 4 | 63680 | 1.37 |
| 智能硬件 | 4 | 337289 | 7.28 |
| 文化数字创意 | 2 | 132800 | 2.87 |
| 物联网 | 2 | 61020 | 1.32 |
| 智能健康 | 1 | 24000 | 0.51 |
| 合计 | 121 | 4633693 | 100.00 |

资料来源：北京市经济和信息化委员会。

---

① 北京市经济和信息化委员会. 北京市软件和信息服务业 2014 年经济运行报告 [EB/OL] . 2015 - 01 - 01, http: //www. bjeit. gov. cn/zwgk/ywsj/xxhyx/81326. htm.

② 北京软件和信息服务业协会. 北京软件和信息服务业产业发展报告 2014 [R] . 2015.

2. 企业构成情况

据第三次经济普查数据显示，截至 2013 年底，北京市共有信息服务业总部企业 368 个，从业人员 35.9 万人，资产总计 22391.5 亿元，营业收入达 3119.9 亿元，利润总额 1662.9 亿元，其规模列全市所有行业第三位。个体工商户 0.4 万户，占全市个体工商户的 0.7%，从业人员 0.6 万人，占全市个体工商户从业者的 0.5%。另外，中小微企业发展势头迅猛，有经营活动的中小微企业 3.3 万个，从业人员 53.1 万人，资产总计达 22615.9 亿元，实现利润总额 1384.9 亿元[1]。从企业营业收入分布及其贡献来看，北京市软件和信息服务业企业营业收入呈现金字塔式，10 亿元以上企业数量占全行业数量仅 0.17%，但创造的收入占总收入的 48.16%。100 万以下的企业占全行业企业数量的七成以上，收入却仅为全行业收入的 0.92%。经营时间不足 5 年的企业占全部企业数的比重达 62%，年轻企业数量占绝对优势；经营时间 10 年以上企业仅占比 12%。营业收入为零的企业共 13377 家，其中近 1/3（3872 家）为 2013 年新成立的企业。营业收入为零的企业从业人员数为 39910 人，占总从业人员的 4.29%[2]。

随着产业不断发展，北京市现代信息服务业的集中度进一步提高，一批重点企业的崛起，使北京市在全国、全世界现代信息服务业中的市场地位明显提高[3]。2014 年全行业年收入 10 亿元以上的企业由 2010 年的 40 家增长到 82 家，其总收入占北京整个现代信息服务业总收入的比例由 40% 上升到 53% 以上。年收入过亿元的企业由 2010 年 440 家猛增到 718 家。在企业规模上，到 2011 年，7 家企业人员规模过万，14 家企业登陆资本市场，总市值近万亿元。在 2014 年 6 月 12 日工信部发布的"2014 年（第十三届）中国软件业务收入前百家企业"名单中，北京有 32 家企业入选，上榜企业数量为历年最高，数量连续 13 年居全国首位。其中，北大方正、航天信息、同方股份、大唐电信、神州数码五家企业名列前 20 强。

为集中资源扶持大企业、新型企业和快速成长的企业，北京市自 2010 年起实施"打造一批大集团、聚集一批大总部、做强一批高端企业、培养一批高成长企业"的"四个一批"工程。目前，"四个一批"工程企业已经成为产业核心企业群体，10 家"做大"企业软件业务收入达到 650 亿元，约占全市软件产业总

① 《北京市第三次全国经济普查主要数据公报》。
② 北京软件和信息服务业协会. 北京软件和信息服务业产业发展报告 2014 ［R］. 2015.
③ 王辰晨. 北京市现代信息服务业经济效应研究 ［D］. 北京：北京交通大学硕士学位论文，2015.

收入的 21.6%。截止到 2011 年，"四个一批"的工程企业扩大到 237 家，高成长企业数量增加了 55.8%。

3. 创新保护方面

在创新体系建设方面，北京市作为在国内率先倡导知识产权保护的城市，市政府对知识产权保护高度重视，2006 年北京市成立了全市的知识产权工作统筹、协调工作组，还设立了保护知识产权举报投诉服务中心，设立了统一的服务电话。2011 年更是推出市政府 71 号文件，即《关于促进首都知识产权服务业发展的意见》，在更高层次上突出了保护知识产权的重要性[①]。

在政府和社会各界的不懈努力下，北京市的知识产权保护卓有成效。北京市企业近年来的专利数量明显增加。2006 年平均每 6 家软件企业新增一个国内外申请发明专利，到了 2010 年平均 1.5 家软件企业就新增一个国内外申请发明专利。在数量上，2010 年北京软件企业申请国内外发明专利 2205 件，拥有有效发明专利数量达到 1969 件，专利授权 1896 件。除此之外，北京市科研经费支出的增长也使专利申请从质量和数量上都有所提升。2013 年全市 R&D 经费支出 1185 亿元，比 2009 年增长 77.2%，其中，信息传输、软件和信息技术服务业科研经费大幅提高，如表 1-4 所示，支出总额达 110.4 亿元，比 2009 年增长 39.7%，占全市重点服务业的比重为 55.9%；专利质量提升，专利申请 9736 件，其中发明专利 8382 件，占申请专利的 86.1%，比全市重点服务企业高出 6 个百分点，比 2009 年提升 3 个百分点。

表 1-4　北京市信息传输、软件和信息服务业科研经费支出与专利申请情况

| 年份 | R&D 经费内部支出（亿元） | 专利申请（件） | 发明专利（件） |
|------|------------------------|--------------|--------------|
| 2009 | 79 | 2615 | 2226 |
| 2013 | 110.4 | 9736 | 8382 |

资料来源：《北京市第二次全国经济普查主要数据公报》，《北京市第三次全国经济普查主要数据公报》。

4. 人力资源情况

在人力资源数量和质量上，一方面，北京市作为全国的政治、经济、文化中心吸引了大批国内外现代信息服务企业和人才在此落户；另一方面，北京市有高

---

[①] 李穆南. 北京软件和信息服务业发展模式研究［D］. 北京：首都经济贸易大学硕士学位论文，2012.

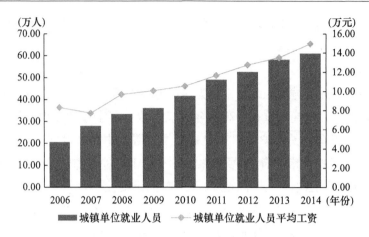

**图 1 – 4　北京市 2006 ～ 2014 年信息传输、软件和信息技术
服务业城镇单位就业人员及其平均工资**

资料来源：2007 ～ 2015 年《北京统计年鉴》。

校 60 余所，科研机构 500 多家，拥有国内众多著名学府和科研机构，为培养专业人才创造了良好的条件。随着北京市现代信息服务业的快速发展，专业人才队伍也是在不断扩大。相比于 2006 年的 20.58 万从业人员，2013 年从业人员达到了 58.24 万人，增长近 3 倍（见图 1 – 4）。人才结构同样不断优化。截止到 2010 年，在软件行业中，拥有大学本科以上学历的从业人员达到 75%。其中，本科学历的为 60%，硕士研究生以上的为 15%。在年龄结构上，以 29 岁以下的年轻从业人员为主，占所有从业人员的 58%。信息服务业的快速发展对从业者报酬的拉动较大。2010 年，从业者报酬占到了产业增加值的 40%①。从平均工资水平来看，薪酬收入稳步增长。2014 年平均工资达到 15.03 万元，仅次于金融业。从细分领域来看，计算机服务业平均薪酬增速最快，同比增长 17.3%。

## 二、天津市

### 1. 产业规模

从信息服务业产值来看，近十年天津市信息服务业产业规模不断提升，增长率基本保持在 10% 以上，仅 2012 年出现增长缓慢的情况。截至 2014 年末，作为

---

①　北京软件协会．北京软件协会 25 周年特刊［Z］．2011．

信息服务业的典型代表行业，天津市的信息传输、软件和信息技术服务业（2012年之前的数据为信息传输、计算机服务和软件业）产值达到 220.49 亿元，同比增长 12.41%（见图 1-5）。虽然产业规模处于稳步增长态势，却依然仅占第三产业增加值的 2.84%，与 2013 年情况相近。另外，居民信息服务需求日益提升。2012 年天津市首度跻身中国电子商务十强城市，当年全市电子商务交易总额达到 3145 亿元，网络零售额达 463 亿元。电信业务也在 2014 年首次突破 200 亿元（达到 207.55 亿元），同比增长 19.43%。

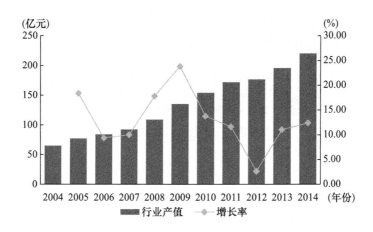

**图 1-5　天津市 2004～2014 年信息传输、软件和信息技术服务业产值及增长率**
资料来源：2005～2015 年《天津统计年鉴》。

近十年来，行业固定资产的投资规模总体呈增长趋势，却并非如同产值规模那样的平稳上升，而是有所起伏。在 2004 年、2005 年、2009 年、2010 年和2013 年，投资规模出现负增长。而在 2008 年、2011 年和 2014 年三个年份中，投资同比增长超过 50%。2014 年天津市在信息传输、软件和信息技术服务业的固定资产投资金额已增长至 126.6 亿元，相比 2013 年增长达到 63.55%，达到近十年增长幅度最大水平（见图 1-6）。

虽然投资规模有所增加，但其资金来源结构仍暴露出一定的不足。信息服务业使用资金中 92.29% 为自筹资金，其中约 56% 为企事业单位自有资金，债券及外资投资金额与前几年情况相同，几乎为零，国家预算资金由几乎为零突增至 2.5%，国内贷款和其他资金分别占 4.86% 和 0.36%，与 2013 年几乎无异。虽然资金来源渠道依然较为单一，但资金总额和分散程度与前几年相比已有所好转（见图1－7）。

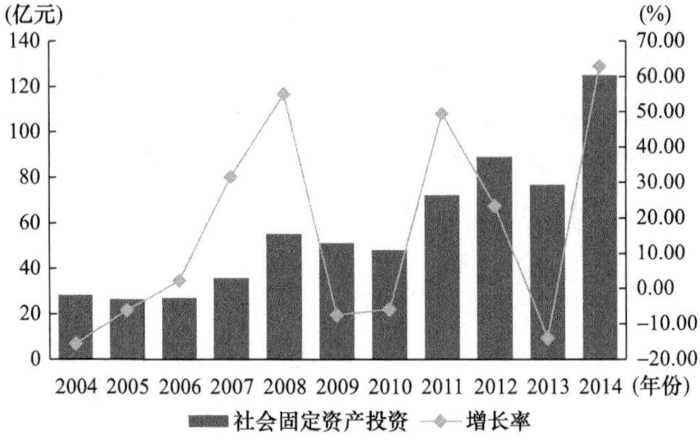


**图1－6　天津市2004～2014年信息传输、软件和信息技术服务业社会固定资产投资规模及增长率**

资料来源：2005～2015年《天津统计年鉴》。

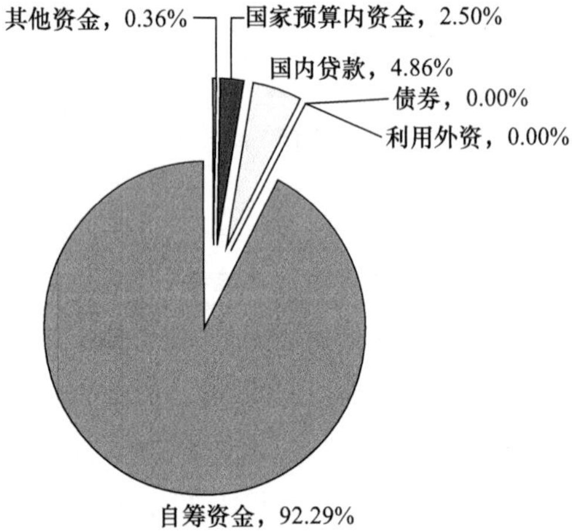


**图1－7　天津市2014年信息传输、软件和信息技术服务业城镇固定资产投资资金来源分布**

数据来源：2015年《天津统计年鉴》。

如图1－8中所示，行业城镇固定资产投资施工项目及投产项目在2004～

2010年持续在较低数量的稳定状态中，2011年实现了翻倍的增长，又在2012年和2013年略有下降。同时，也可以看到在2014年固定资产投资施工项目数和建成投产项目数分别为132个和113个，是近十年的峰值。相比2013年增长率达到40.43%和63.77%，建设项目投产率高达85.6%。固定资产投资项目个数再次显现出快速增长的势头，行业未来发展仍具有潜力。

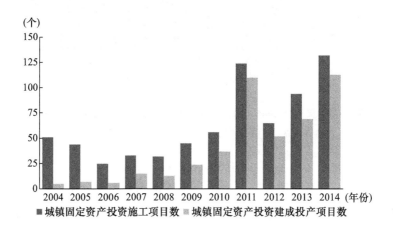

**图1-8 天津市2004～2014年信息传输、软件和信息技术服务业城镇固定资产投资施工项目个数及建成投产项目个数**

资料来源：2005～2015年《天津统计年鉴》。

科研投入是信息服务业高技术性的保证，因此地区R&D经费投入同样在一定程度上决定着信息服务业的发展潜力。2014年，天津市R&D经费支出464.7亿元，相比2013年增长8.55%，R&D经费投入强度为2.96%，与2013年基本持平。在全国各个地区中位列第三，仅次于北京市和上海市两地[①]。

2. 信息基础设施建设

从基础互联网发展指标数据可以看出，近几年天津市信息基础设施建设稳步推进。2006～2012年，互联网宽带接入端口数量快速稳定上升，近两年基本保持稳定。截至2014年底，接入端口已有415万个，相较2013年增长17.20%（见图1-9）。

---

① 中华人民共和国科学技术部.2014年全国科技经费投入统计公报［Z］.2015.

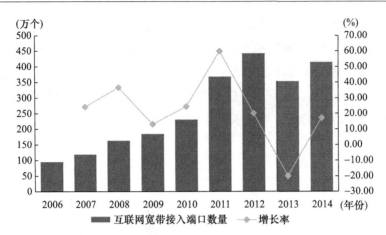

**图1-9　天津市2006~2014年互联网宽带接入端口数量及增长率**

资料来源：2007~2015年《天津统计年鉴》。

移动电话交换机容量从2004年559万户提升至2014年2355万户（见图1-10），保持了较为快速的增长。住宅接入带宽能力提高到100Mbps（兆位/秒），互联网出口带宽达2520Gbps。无线基站建设数量达到1.9万座，2G网络覆盖全市，3G网络覆盖核心区域，4G网络也已实现商用，网络质量得到全面提升[①]。

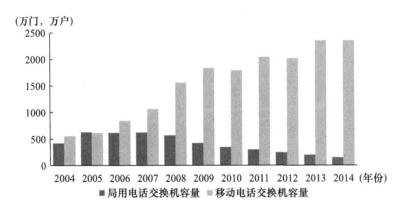

**图1-10　天津市2004~2014年局用电话交换机及移动电话交换机容量**

资料来源：2005~2015年《天津统计年鉴》。

---

① 天津市工业和信息化委员会. 天津逾六成企业实施ERP管理　信息化水平位居全国前列［EB/OL］. 2016-01-10, http://www.miit.gov.cn/n11293472/n11293832/n11293907/n11368244/15214593.html.

2014 年底，全市光缆总长达到 14.88 万公里，与 2013 年相比提升 14.20%。长途光缆长度同样不断增长，在 2014 年达到 3481 公里（见图 1 - 11）。

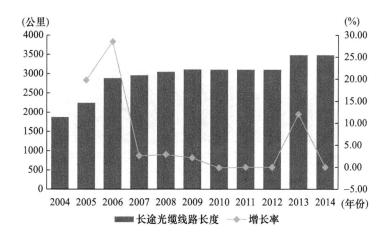

**图 1 - 11  天津市 2004 ～ 2014 年长途光缆线路长度及增长率**

资料来源：2005 ～ 2015 年《天津统计年鉴》。

信息基础设施的不断完善改善了居民的日常生活。如图 1 - 12 所示，十年来天津市互联网上网人数稳步增长。2004 ～ 2012 年一直处于十个百分点以上的增长率，在 2008 年高达 68.99%。2013 年起增速放缓，截至 2014 年底，互联网上网人数已达到 904 万人，与 2013 年相比增长 4.39%。

截至 2014 年底，互联网用户 841.00 万户。其中，宽带接入用户由 2005 年的 65 万户增长至 2014 年的 270.80 万户（见图 1 - 13）。2013 年超额完成三年 200 万户光纤到户工程目标，4G/TD - LTE 建成基站 1200 个（已开始试商用），成为工信部首批基于云计算的电子政务公共平台建设和应用试点示范城市①。2014 年，天津市启动网络光纤化改造工作，截至 2015 年 11 月，天津联通累计完成光纤接入改造 443.45 万户，光纤接入新建 130.24 万户，城市住宅用户和农村区域 FTTH 宽带接入能力均为 100Mbps（兆位/秒），光纤用户占比达 90%。2015 年底，天津联通宣布天津市正式实现光纤网络全面覆盖，光纤到户工程完成。这标志着天津市用户将逐步告别传统的铜缆程控交换通信旧时代，跨入光纤网络时代。

---

① 天津市现代服务业发展领导小组办公室. 2014 天津服务业发展报告［M］. 天津：天津科学技术出版社，2014.

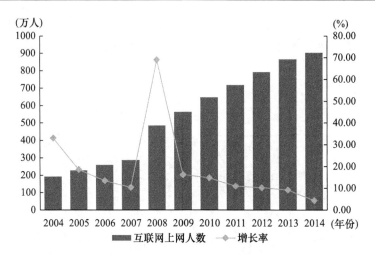

**图 1 - 12   天津市 2004～2014 年互联网上网人数及增长率**

资料来源：2005～2015 年《中国统计年鉴》。

与此同时，天津市连续六次开展全网光纤宽带免费大提速，数百万宽带用户受益。据"宽带发展联盟"统计，天津市宽带感知上网速度的排名从过去全国中下游已提升至第三名①。基础设施的不断完善为天津市信息服务业的发展提供了有力保障。

3. 信息服务企业

从信息服务业企业数量来看，根据天津市第三次全国经济普查数据，截至2013 年末，全市已有信息传输、软件和信息技术服务业企业法人单位 7746 个，占第三产业的 4.92%。个体经营户 1900 个，其中有证照个体经营户 1118 个。就从业人员数量而言，2013 年共 11.55 万人，占第二产业、第三产业总从业人员的2.03%。资产总量 1479.36 亿元，占第三产业非金融资产的 2.17%。其中，小型企业发展尤其迅速，小微企业法人单位共 7560 个，约占行业总量的 97.60%；从业人员 7.49 万人，约占行业总人数的 64.85%；资产 773.52 亿元，仅占行业的 52.29%。

天津市企业对信息服务业人才较为重视，行业平均工资一直远高于全市就业人员平均工资，且在 2007 年和 2010 年出现过两次大幅度上升，2012 年后每年都

---

① 天津市工业和信息化委员会．天津实现光纤网络全覆盖　宽带感知网速全国第三 [EB/OL]．2016 -01 - 10，http：// www. tjec. gov. cn/Jjyxn/56627. htm.

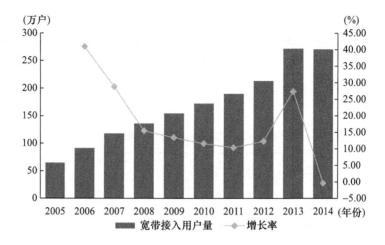

**图1-13 天津市 2005~2014 年宽带接入用户量及增长率**

注：2008 年和 2010 年宽带用户量数据缺失，取前后两年平均值得出。

资料来源：2006~2015 年《天津市国民经济和社会发展统计公报》。

保持了约 15% 的上涨率。截至 2014 年，天津市信息传输、软件和信息技术服务业城镇单位就业人员平均工资为 116902 元，相比 2013 年增长 13.60%（见图 1-14），比整体城镇单位就业人员平均工资高出 60.64%，仅略低于金融业。

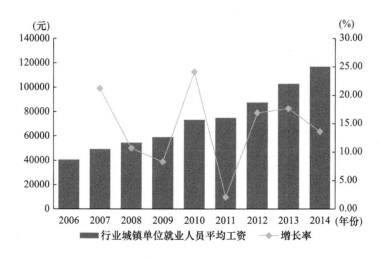

**图1-14 天津市 2006~2014 年信息传输、软件和信息技术服务业**

**城镇单位就业人员平均工资**

资料来源：2005~2015 年《天津统计年鉴》。

### 4. 信息服务机构

天津市信息服务机构发展迅速，通过对《天津科技统计年鉴》（2014）中国家级重点机构的筛选梳理，截至 2013 年末，天津市拥有信息服务相关国家部委级重点实验室 5 家（见表 1-5）。

表 1-5  国家部委级重点实验室

| 名称 | 依托单位 | 开放年份 | 主管部门 |
|---|---|---|---|
| 光学信息技术科学重点实验室 | 南开大学 | 1999 | 教育部 |
| 光电信息技术重点实验室 | 天津大学 | 1999 | 教育部 |
| 智能电网重点实验室 | 天津大学 | 2003 | 教育部 |
| 显示材料与光电器件重点实验室 | 天津理工大学 | 2007 | 教育部 |
| 计算机视觉与系统重点实验室 | 天津理工大学 | 2008 | 教育部 |

资料来源：2014 年《天津科技统计年鉴》。

另外，国家级科技产业化基地、创新园及示范园区 9 家（见表 1-6）。市级信息服务机构体系同样日趋完善。越来越多的国家级、市级重点实验室、孵化器、转化基地、产业化基地等机构，为助力信息服务企业发展和创造就业岗位做出突出贡献。

表 1-6  国家级科技产业化基地、创新园及示范园区

| 序号 | 名称 |
|---|---|
| 1 | 天津国家纳米高新技术产业化基地 |
| 2 | 国家火炬计划软件产业基地 |
| 3 | 天津国家半导体照明工程高新技术产业化基地 |
| 4 | 天津国家现代服务业集成电路设计产业化基地 |
| 5 | 天津泰达国家现代服务业产业化基地 |
| 6 | 国家火炬计划西青信息安全特色产业基地 |
| 7 | 天津北辰国家高端数字装备高新技术产业化基地 |
| 8 | 国家科技兴贸创新基地 |
| 9 | 国家软件出口基地 |

资料来源：2014 年《天津科技统计年鉴》。

在 2013 年，天津市实施国家级计划项目数量共 177 个，但多集中于农、林、牧、渔业和制造业，而信息传输、软件和信息技术服务业仅占三个，均为科技支撑计划。三个项目参与人员共计 166 人次，到位资金 1584.5 万元（因 973 计划项目没有按服务行业分布统计数据，故此总计数未包含 973 计划项目数据）。

2014 年，天津市共计执行各类科技计划项目 6551 项，其中，新增项目 2270 项，与信息服务业密切相关的"电子信息"领域 511 项，所占份额为 22.5%，居于各科技类计划项目各细分领域之首（见图 1-15）。

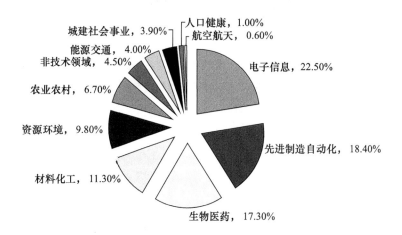

人口健康，1.00%
航空航天，0.60%
城建社会事业，3.90%
能源交通，4.00%
非技术领域，4.50%
农业农村，6.70%
资源环境，9.80%
材料化工，11.30%
生物医药，17.30%
电子信息，22.50%
先进制造自动化，18.40%

**图 1-15　天津市 2014 年科技计划新增项目按技术领域分布**

资料来源：《天津市科技计划年度执行报告（2015）》。

2014 年，天津市科技计划结题项目共计 894 项，其中"电子信息"领域 153 项，占比 17.10%，仅次于"生物医药"领域，居于第二位（见图 1-16）。

另外，2014 年天津市科技支撑计划在研项目共计 1255 项。其中，新增项目 371 项，"电子信息"领域项目 72 项，所占比例为 19.5%，仅略低于"生物医药"领域，居于第二位（见图 1-17）。

2014 年新增项目总经费共计 191040 万元。其中，国家财政经费 580 万元，市财政经费 26470 万元，区县财政配套 1271 万元，单位自筹 148332 万元，银行贷款 14387 万元。从总经费来看，"电子信息"领域占比为 19.1%，低于"生物医药"领域及"先进制造自动化"领域，居于第三位（见图 1-18）。

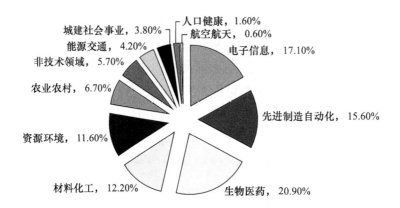

**图 1 – 16　天津市 2014 年科技计划结题项目按技术领域分布**

资料来源：《天津市科技计划年度执行报告（2015）》。

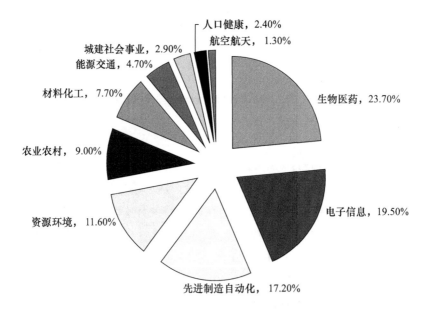

**图 1 – 17　天津市 2014 年科技支撑计划新增项目数量按技术领域分布**

资料来源：《天津市科技计划年度执行报告（2015）》。

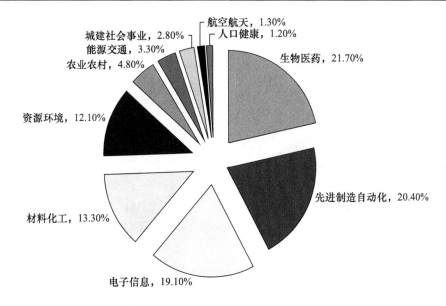

**图1-18 天津市2014年科技支撑计划新增项目总经费投入按技术领域分布**

资料来源:《天津市科技计划年度执行报告(2015)》。

在天津市财政拨款经费中,"电子信息"领域所占份额为13.9%,不仅低于"生物医药"领域和"先进制造自动化"领域,也比在总经费中所占份额低5.2个百分点(见图1-19)。

5. 信息化应用

信息化在天津市各个领域都已得到广泛应用。在企业方面,目前全市规模以上企业有65%已有效地实施了ERP管理,提高了办公效率,规范了企业管理[①]。

在人民生活方面,公众信息应用系统便民作用明显,建成了城乡一体化的劳动和社会保障信息系统,在全国率先开通了二手房交易资金监管系统。社区信息化扎实推进,目前基本完成了全市城市社区的楼宇、居民、驻区单位、公共服务等基础数据的采集、录入,形成了天津市社区综合数据库[②]。另外,《天津市推进智慧城市建设行动计划(2015~2017年)》中提出,将通过打造社区事务一站式受理平台、智慧社区管理平台、公共服务平台和生活服务平台,推行智慧社区

---

① 天津市工业和信息化委员会. 天津逾六成企业实施ERP管理 信息化水平位居全国前列[EB/OL]. 2016-01-10, http://www.miit.gov.cn/n11293472/n11293832/n11293907/n11368244/15214593.html.
② 张娟娟. 京津冀视角下天津信息服务产业竞争力比较分析[J]. 信息系统工程, 2014(8).

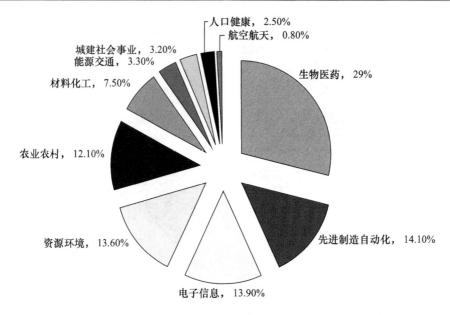

**图 1 - 19　天津市 2014 年科技支撑计划新增项目市财政经费投入按技术领域分布**

资料来源：《天津市科技计划年度执行报告 （2015）》。

建设，从而使居民生活更加便捷。目前，智慧社区的各种平台已经进入本市和平、河西、武清等近 30 个大型居住区①。

在公共交通方面，市交通运输委与阿里云计算有限公司签约，未来双方将在云计算、大数据等领域广泛合作，以"互联网 + 交通"的思路及方式，从公众出行服务、交通行业服务、业务支撑服务、交通数据运营等方面，共同推进本市智能交通建设。依托智能交通信息平台，市交通运输委将建成五大应用系统，即：建设交通运行分析与辅助决策系统和智能交通仿真平台；开展城市交通拥堵指数、城市客运客流量、路网交通流量、港口吞吐量等运行分析和预测；为路网规划建设、交通影响评价、城市客运线网规划、综合客运枢纽客流组织等提供仿真模拟与辅助支持；完善协调调度与应急指挥系统，实现公铁水航等各种运输方式之间的协调调度以及突发事件情况下二级以上重大突发事件应急处置、会商和调度指挥；建设物流信息服务平台和交通出行信息服务系统，为运输企业、社会

---

① 李晶. 多种智慧社区平台进入天津市近 30 个大型居住区 ［EB/OL］. 2016 - 01 - 10，http：//www. 022net. com/2015/12 - 15/451641253398623. html.

公众提供种类丰富、及时准确的综合交通信息服务①。

在政府政务方面，天津市将建成统一的政务云计算中心，为全市政务部门提供统一的网络、计算和存储资源服务，满足其5~8年的计算和存储需求；建成全市统一的云灾备中心，集中提供专业化灾备服务，逐步形成本地云灾备中心、云灾备中心、异地云灾备中心的"两地三中心"模式，2015年底实现了为规划、民政、工信、审计、统计、市场监管等部门的数据安全备份；建设全市统一的电子政务综合性服务平台，形成全市统一的资源共享、信息交互、应用集成和安全保障中心，并完成了云平台框架搭建，启动信息资源层、应用部署层、信息服务安全层等三层建设②。

### 三、河北省

1. 产业规模、构成及企业数量

根据《河北省第三次全国经济普查主要数据公报》，截至2013年末，河北省软件和信息技术服务、信息传输业共有企业法人单位4114个，从业人员10.82万人，分别比2008年末增长5.54%和40.80%。在这些企业法人单位中，内资企业占99.03%，港、澳、台商投资企业占0.39%，外商投资企业占0.58%。信息传输、软件和信息技术服务业企业法人单位资产总计1192.29亿元，比2008年末增长107.47%。河北省信息传输服务业占总资产的79.2%，居第一位，信息技术服务业占11.7%，互联网相关的内容服务业占6.3%③（见表1-7）。河北省2014年信息传输、计算机服务和软件业法人单位数为5233个，法人单位数较2010年的4874个增长7.37%。

表1-7 按行业分组的信息传输、软件和信息
技术服务业企业法人单位资产

单位：亿元

| 领域类别 | 单位资产 |
| --- | --- |
| 电信、广播电视和卫星传输服务业 | 977.54 |
| 互联网和相关服务业 | 75.29 |

---

① 天津市工业和信息化委员会. 本市打造"互联网＋交通"五大应用系统［EB/OL］. 2016-01-10, http：//www. tjec. gov. cn/Jjyx/55290. htm.

② 天津市中小企业发展促进局. 电子政务五个一助力智慧城市 津市民多方面收益［EB/OL］. 2016-01-10, http：//www. smetj. gov. cn/newIndex/disp. jsp? id＝57, 869.

③ 张娟娟. 京津冀视角下天津信息服务产业竞争力比较分析［J］. 信息系统工程, 2014（8）.

续表

| 领域类别 | 单位资产 |
|---|---|
| 软件和信息技术服务业 | 139.45 |
| 合计 | 1192.29 |

资料来源：《河北省第三次全国经济普查主要数据公报》。

2013年，河北省信息服务业行业产值278.56亿元[1]。如图1-20所示，截至2013年底，河北省信息服务业全社会就业人员总数为25.81万人，相较2012年同比增长30.35%。且信息服务业社会就业人员总数自2005年以来呈稳步上升趋势，且城镇和乡村的信息服务从业人员均增长，但城乡之间仍有一定的差距[2]。

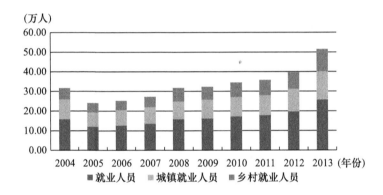

**图1-20　河北省2004～2013年信息传输、软件和信息技术服务业社会就业人员分布**
资料来源：2005～2014年《河北统计年鉴》。

2. 信息服务人才数量及文化素养构成

根据《河北第三次全国经济普查主要数据公报》数据，截止到2013年末河北省信息服务从业人员为108233人，其中内资企业70931人占65.53%，其余在港澳台及外商投资企业从业，约占34.5%。总体数量虽然较之前有了很大提高，但整体数量偏低。其中国有集体企业从业人员数量偏低，只占总从业人数的6.9%。大量人员分布在私有股份企业中（见表1-8）。

---

[1]　胡晓威. 京津冀现代服务业区域差异及协同发展研究［D］. 石家庄：河北经贸大学硕士学位论文，2015.

[2]　张文卿. 产业结构调整下河北省信息服务类人才培养探究［J］. 科技风，2015（3）.

表1-8 按登记注册类型分组的信息传输、软件和
信息技术服务业企业从业人员

| 企业类别 | 从业人员（人） |
|---|---|
| 内资企业 | 70931 |
| 国有企业 | 6996 |
| 集体企业 | 486 |
| 股份合作企业 | 285 |
| 联营企业 | 195 |
| 有限责任公司 | 32891 |
| 股份有限公司 | 7703 |
| 私营企业 | 20758 |
| 其他企业 | 1617 |
| 港、澳、台商投资企业 | 23959 |
| 外商投资企业 | 13343 |
| 合计 | 108233 |

资料来源：《河北第三次全国经济普查主要数据公报》。

如图1-21中数据所示，近十年来河北省信息服务业就业人员一直呈上涨趋势，截至2013年，河北省信息服务业社会就业人员总数为25.81万人，较2012年同比增长30.35%，增长势头显著。在信息服务业中，初级、中级职称占比相对较高，高级职称在事业单位的比重大于企业单位。就从业人员学历水平而言，大学本科和大学专科学历层次偏低，占了较大的比重，研究生及以上学历的人员总数及比重都偏低。信息服务类人才地区分布也主要集中在石家庄市、唐山市、秦皇岛市等沿京津地区。

3. 产业固定投资

2012年1~10月，河北省固定资产投资中，信息传输、计算机服务和软件业固定资产投资为845047万元，比2011年同比增长79.2%。其中，电信、广播电视和卫星传输服务业为628438万元，同比增长56.8%；互联网和相关服务业为25579万元，同比下降0.5%；软件和信息技术服务业为191030万元，同比增长321.8%。可见对于互联网和相关服务业的投资只占3%，不仅所占比重少，且投资金额也有所减少。2013年，河北省信息服务业固定资产投资总额为115.6亿元，截至2014年底，投资总额为133.5亿元，增长率为15.40%。由图1-22可见，

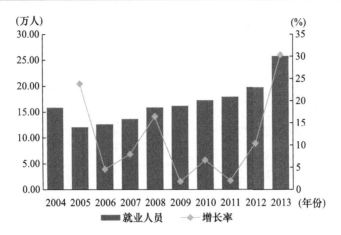

图1-21　河北省2004~2013年信息服务业从业人员数

资料来源：2005~2014年《河北统计年鉴》。

河北省对信息服务业固定资产投资总额自2008年金融危机后下跌，但之后便逐渐回升，呈稳步增长趋势，增长率维持在10%以上①。

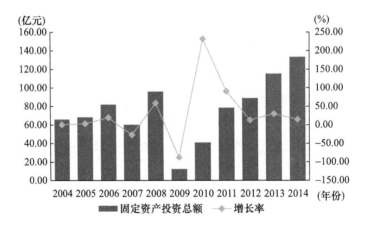

图1-22　河北省2004~2014年信息传输、软件和信息技术服务业固定资产总额及增长率

资料来源：2005~2015年《河北统计年鉴》。

---

①　河北省统计局.2012年1~10月河北省固定资产投资完成情况［EB/OL］.2012-12-01，ht-tp：//www. hetj. gov. cn/article? id＝5o17.

如图 1-23 所示，近十年河北省信息服务业城镇固定资产投资施工项目及投产项目数量持续下降，仅在 2009 年和 2010 年略有回升。除 2009 年外，建设项目投产率均低于 80%。在 2011 年施工项目和投产项目个数分别突然下降到 38 个和 26 个，持续到 2013 年没有上涨趋势。建设项目投产率也仅有 60% 左右。

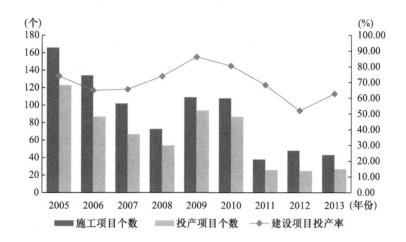

**图 1-23　河北省 2005~2013 年信息传输、软件和信息技术服务业城镇固定
资产投资施工及建成投产项目个数**

资料来源：2006~2014 年《河北统计年鉴》。

### 4. 基础设施建设

河北省基础设施建设与应用电子信息服务业基础设施虽然发展迅速，但只有部分基础设施满足了基本发展的需求，与全国平均值仍有差距，而且省内还出现了城乡分配不均的情况，这些情况仍制约着信息服务业的发展。自 2004 年以来，河北省上网用户总数从 387 万人增加至 2014 年的 3603 万人；互联网宽带接入端口则由 2004 年的 235.9 万个增至 2014 年的 2204.7 万个，十年间上网用户人数及互联网宽带接入端口均增长近十倍。网络普及率由 2007 年的 11.10% 上升至 2008 年的 19.20%，2010 年为 31.20%，而到 2014 年，互联网普及率则达到 49.10%。2006~2008 年，河北省上网用户总数、宽带上网用户数分别平均增长了 351.55 万户、100.25 万户，平均增长速度分别高达 45.4%，但网络普及率仍低于全国平均水平，2007 年、2008 年比全国网络普及率平均水平分别低了 4.8 个百分点、3.4 个百分点；与京津两地相比，网络普及率差距则更加明显，2007

年河北省网络普及率比京津两地分别低了 35.5%、15.6%，2008 年差距有所加大，与京津两地网络普及率差距达到了 40.8%、24.3%。随着河北省经济发展和对信息需求量增大，近两年河北省网络产业得到了快速发展。2012 年底，全省互联网宽带接入用户数达 963.9 万户，宽带接入端 1756 万个，比 2011 年同期分别增长了 16.91% 和 52.64%。截至 2012 年 12 月，全省电话普及率为 93 部/百人，到 2014 年，达到 99 部/百人，但全国普及率已达到 100%，河北省电话普及率还有待提高。

如图 1-24 所示，近十年来河北省互联网上网人数和宽带接入端口数量均保持了直线上升的态势。截至 2014 年底，上网人数为 3603 万人，相较 2013 年增长 6.31%，宽带接入端口 2204.7 万个，相较 2013 年增长 7.58%。从城乡分别来看，河北省城市宽带接入数 2011 年为 631.5 万户，到 2014 年为 704.9 万户，增长 11.62%；农村宽带接入数 2011 年为 193 万户，到 2014 年增至 422.8 万户。

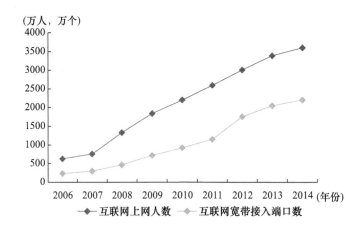

**图 1-24　河北省 2006~2014 年互联网上网人数及宽带接入端口数**

资料来源：2007~2015 年《河北统计年鉴》。

如图 1-25 所示，2004 年河北省移动电话和固定电话年末用户数分别为 1512.9 万户和 1554.9 万户。截至 2014 年底，移动电话年末用户数逐步增至 6229.1 万户，而固定电话用户数从 2005 年开始呈下降趋势，2014 年末用户数则降为 1085.1 万户。

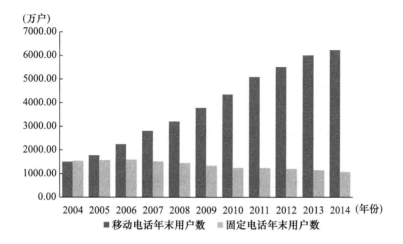

**图1-25 河北省2004~2014年移动电话及固话居民年末用户数**

资料来源：2005~2015年《河北统计年鉴》。

　　为大力促进信息服务业的发展，河北省不断完善信息基础设施。近年来，全省各地进一步完善了公共骨干网络。2009年，河北省联通、电信、移动、铁通等基础电信企业，不断加大对互联网建设的投资力度，全力打造雄厚的网络基础，全省经营性的互联网骨干网出省带宽逐年增加。截至2009年底，河北省经营性互联网骨干网出省带宽共753Gbps，较2008年增加了35.5%，其中河北联通公司为500Gbps，增加了180Gbps；河北电信公司为220Gbps，增加了70Gbps；河北移动公司为10Gbps，增加了6.875Gbps；河北铁通公司为23Gbps，增加了11Gbps。2005~2009年，河北省长途光缆线路总长度逐年增加，截至2009年，全省长途光缆线路总长度达29925公里，比2008年增加9.18%，信息基础设施建设取得了进一步的发展。河北省2011年移动电话交换机容量为9435万户，光缆线路长度为52.48万公里。到2014年底，移动电话交换机容量为11550万户，光缆线路长度为87.84万公里，增长率分别为22.42%和67.38%。到2015年，河北省预计信息行业固定资产投资5年总计600亿元，光缆总长度达到60万公里，互联网宽带接入端口达2295万个，宽带用户达到1600万户。

　　"十一五"期间，河北省共投入省级基础测绘经费1.067亿元，实现了基础地理信息的1∶1全省域覆盖。同时，全省及时完成基础测绘成果的定期更新工作，建立了较完善的河北省基础地理信息数据库，"数字石家庄"、"数字邯郸"、"数字廊坊"相继启动。同时，《河北省地图集》、国土资源变化遥感动态监测、河北省三维地理信息公共服务平台、河北省卫星定位综合服务系统等一批重点项目相继完成。"十二五"期间，河北省将进一步加强三维地理信息服务平台、省地理信息公共服务平台等项目的建设，推动地理信息共建共享，为实现全省测绘系统"一张图、一个网、一个平台"奠定坚实的基础。同时，加快省级基础地理信息数据库更新，尚未建成数据库的市，要加大工作力度，确保年内完成；已建好数据库的市，在做好数据更新、系统完善的同时，启动县级数据库建设。

5. 互联网业务

2005～2009年，河北省互联网行业发展迅猛。全省互联网上网人数年均增速39.53%。到2009年，全省网民总数达1842万人，比2008年增长38.08%，年新增网民508万人，普及率上升至26.4%。网民数量居全国第6位，占全国网民数量的4.80%。其中，农村地区网民占37.1%，高于全国同期的27.8%的平均水平。同时，河北省网民年龄结构向成熟化发展，网民学历结构继续向两端扩展，学生网民比例下降，较2008年下降10.3个百分点。2009年河北省网民数为1842万人，比2008年增长38.08%，占全省人口总数的26.19%。随着互联网业务的迅速发展，网络的应用范围不断扩大、利用程度日益提高。2009年，河北省网民在搜索引擎、网络新闻、网络文学、即时通信、网络银行等方面的使用率均领先于全国平均水平，且多数网络应用水平高于2008年。主要体现在以下几个方面：①河北省网民对搜索引擎、即时通信的使用率分别为74.6%和71.4%，两项均高于全国同期平均水平，与2008年相比，搜索引擎的使用率上升了6.1个百分点。②河北省网民网络新闻的使用率为81.3%，略高于全国同期80.1%的平均水平。与2008年比较，全省网民对网络新闻的使用率提高了5.1个百分点。③河北省网民的网络社区类服务使用率较低。2009年，全省的博客使用率增加到56.4%，较2008年提高了4.7个百分点；论坛使用率降至26.5%，较2008年下降了1.7个百分点；交友网站的使用率为42.9%。上述指标值均低于全国同期平均水平。④2009年，河北省网民在网络购物、网络支付以及旅游预订使用率方面，平均增长5.3个百分点，分别达24.1%、21.7%和6.5%，较2008年保持了快速增长。然而从总体来看，河北省网民对电子商务的使用率仍相对偏低。⑤2009年，河北省网民的网上银行使用率为24.8%，网络炒股的使用率为13.8%，其中，网上银行使用率略高于全国24.5%的平均水平。全省网民对网络音乐、网络视频以及网络游戏的使用比率分别为81%、60.5%和67.6%，网民的数字娱乐使用率低于全国水平。与2008年相比，除对网络游戏的使用率提升了 6.9 个百分点外，网络音乐和网络视频的使用率均有所下降。
⑥2009 年，河北省网民对政府网站的使用比例为 25.5%，较 2008 年增长了 7 个
百分点。伴随着政务信息公开性的提高，河北省政府网站的内容不断丰富，省内
网民登录政府网站、查询政务信息的比例高达 74.1%；查询办事指南、下载业务
表格、使用电子政务办理具体事项的比例为 32.3%，较 2008 年上升了 18.3%；
通过网络向政府提交办事申请的比例为 5.6%，较 2008 年提高了 2.7%。电子政
务的推广、应用仍有较大空间。

近年来，河北省不断加大对互联网建设的投资力度，并积极推进互联网在各
领域的实际应用，互联网的资源需求呈现逐年上升趋势，截至 2010 年底，河北
省 IPv4 地址数量为 8884380 个，占全国 IPv4 地址总量的 3.2%，IPv4 地址的拥有
量居全国第 7 位。互联网域名总数为 260101 个，居于全国第 9 位，占全国域名
总数的 3%。与此同时，河北省进一步加大了网站备案力度，网站备案数量也大
幅增加，总数达到了 187314 个，占全国网站备案总数的 4.2%。

# 第三节　突出问题

京津冀地区作为国家重要增长极，实施协同创新战略，推动该地区成为国家
治理体系完善和治理能力提高的样板区和先行区。但是，与国内外大都市区协同
创新的实践比较，京津冀在地区间的产业合作、要素配置、人才创新机制、政策
协同等方面都存在诸多障碍，成为当前阻碍协同创新的突出问题。

## 一、北京市

### 1. 尚未形成信息服务业体系，产业国际竞争力不强

北京市现代信息服务业虽然处于国内领先地位，但与国外发达国家相比还存
在较大差距。目前，北京市绝大部分信息服务企业规模相对偏小。其中：11～20
人的占 17.7%；21～30 人的占 11.7%；71～100 人的占 14.4%；超过 500 人以
上的企业仅占 5.3%①。企业生产经营过于独立，彼此之间缺乏深入的联系，未

---

①　北京市信息化工作办公室. 北京市信息服务业发展报告 2006 ［R］. 2007.

能形成明显的产业体系，以致不能充分利用信息资源的共享性来实现社会资源的最优配置，导致了企业很难参与国际竞争。在信息产业大力发展的今天，北京市信息服务企业由于单位规模偏小和竞争力薄弱。在外向型发展的道路上步履维艰，难以真正走向国际市场，目前的市场范围主要局限于本地和国内其他地区。现代信息服务业的重点是信息资源的开发和利用，以前传统的服务模式将向网络化电子信息服务转变。据有关专家估计，目前我国有70%左右的信息掌握在国家机关手里，而这70%中又只有90%以上的信息只供政府机关单位内部使用，真正辐射到社会经济生活中的只占6%。我国的数据库业本来就不发达，总数还不到世界的1%，但在可用的数据库中，能为社会服务的也只占5%①。北京在信息资源利用上也严重地存在这种现象，四大基础数据库尚未建设完成，信息资源共享程度低，信息滞留在系统内部，信息利用率低，造成社会可利用信息资源缺乏和内部信息"过剩"现象并存的局面，致使信息浪费。这种信息浪费的直接结果就是产业内部整体企业的规模和实力与发达国家相比缺乏竞争力，同时几乎无法找到能够与跨国公司相抗衡的龙头企业和知名品牌。在这种情况下，北京市现代信息服务企业便难以真正走出国门，参与国际市场竞争。

2. 中小企业融资渠道不畅，信息服务同质化现象突出

北京市现代信息服务业从业企业多是中小企业和民营企业，这些企业规模较小、固定资产有限，抵御风险能力相对较弱，几乎找不到担保单位，这样便很难符合银行抵押条件，从而导致很难利用银行贷款来获得企业发展所需资金。同时，国内资本市场的上市门槛高，即使是具有很大发展潜力的中小现代信息服务企业，因为很难达到上市标准，也被拒之门外，无法进行融资。加之中小板市场才开放不久，体系和结构还不完善，这也给中小型现代信息服务企业融资带来了重重阻碍。由于北京市信息服务业市场缺乏鼓励创新的激励机制，导致北京信息服务的大量企业都在相同或相近的领域进行重复建设，提供的产品和服务种类少，差异化程度小，缺乏创新性应用。这种服务形式和内容的同质化现象不仅会导致市场对产品的需求不足，而且还会引起行业之间的激烈竞争，甚至不正当竞争，在一定程度上抑制了服务提供商盈利能力的增长，进而影响了产业的发展规模。一方面由于信息内容服务同质化，形式千篇一律，导致市场对内容产品的需求不足，信息内容服务收费难以提高；另一方面，同质化的信息内容服务也极易

---

① 秦志前．科技信息服务业现状及其发展［J］．中国信息导报，2006（2）．

引发价格战，抑制服务提供商盈利能力的增长，这也是造成北京市信息服务业企业普遍规模偏小，影响产业发展的一大因素。

3. 研发创造能力不足，产学研相脱节

目前，北京市现代信息服务业研发投入依然薄弱，研发投入比不及国际知名企业的1/3，云计算平台的管理能力不及国际领先企业的1/4；基础软件研发能力落后，2012年，我国移动智能终端出货量达6亿部，名列全球之首，但其原生操作系统均为外资品牌[①]。另外，北京市现代信息服务企业与高校、科研机构结合体系没有很好地建立起来，主要表现在产学研合作有待深入。知识产权保护滞后、技术标准建设滞后、信息资源开发与共享程度亟待提高等问题也制约了北京市现代信息服务业快速发展。整体上企业创新意识不强，对信息资源的开发利用程度不高、广度不够[②]。由于缺乏自主创新的服务内容和服务提供商，大量企业都在相同或相近的领域进行重复建设，各服务提供商提供的服务项目和内容大同小异，缺乏创新性应用。创新不足具体体现在软件产品链上，表现为软件企业考虑到基础软件的研发设计由于开发周期长、技术复杂度高，需要较大的企业规模、较高的管理水平和较多的投入，这是国内企业目前所难以胜任的。基于此，国内软件企业更倾向于"二次开发"，往往是接一个项目如一个软件或者是从事专门的软件外包服务，而开发出来的这种软件的通用性较差，难以移植到其他项目，导致企业低水平重复开发现象严重、成本高、长期利润薄、可持续发展能力差等问题。另外，关于软件外包服务，软件企业做的仅仅是代工，并不负责产品的设计，从而不享有产品的知识产权，使得软件企业长期处于全球软件产业链的低端，严重影响北京市软件产业积累和循环的能力，使北京市软件产业的发展方向受制于人。

4. 人才引进限制，缺乏高素质的专业人才

信息服务业人才供需之间的结构性差异是制约产业发展的主要瓶颈之一。信息服务的性质决定了其对人才的需求层次较高。目前，尽管北京市现代信息服务业的从业人员数量较多，但由于该产业在我国起步比较晚，导致我国这方面人才的从业经验相对于发达国家严重不足，这便影响了我国现代信息服务业的快速发展。从业人员素质整体上差别很大。从结构上来看，"橄榄"状结构明显，即高

① 王辰晨. 北京市现代信息服务业经济效应研究［D］. 北京：北京交通大学硕士学位论文，2015.

② 熊文娟. 北京市信息服务业发展趋势探究［D］. 北京：首都师范大学硕士学位论文，2009.

层次、高技术的高端人才匮乏，从事低技术含量的软件编程人员也相对不足。而目前涌入市场的众多高校毕业生难以符合企业实际要求，大量实用型人才短缺，特别是高端人才严重不足。同时，科技人才进京的门槛较高，也导致了从全国各地引进人才的困难。

5. 产业结构不合理

北京市现代信息服务产业发展在市场机制的作用下，呈现出了宽松的发展环境，产业内部各子行业都显现出强劲的发展态势，但其中存在的问题也不容小觑，如尚未完全挖掘重点领域的产业发展潜力，龙头行业的带动能力不强，产业链条之间的关联性、协调性尚需加强①。从整体上来看，产业布局出现以下问题：第一，"小、散、弱"这类不符合区域产业定位的现代信息服务企业不仅存在着自身发展困难的问题，而且影响了整个行业竞争力，因此需要根据区域产业功能，进行准确的发展定位，对不符合定位的企业采取置换、转产甚至是淘汰的方式；第二，产业集群的发展面临着诸如基地内部特色产业及产业链布局不甚合理、基地定位与准入标准不一致等问题，这就需要政府在基地布局错位互补方面下大功夫；第三，不同产业基地的发展阶段不同，因此不同的产业基地就需要统筹考虑，科学引导。从现代信息服务业的构成来看，通信、软件业和互联网服务在整个现代信息服务业中所占比重较大，而广电传输、数字内容产业等在现代信息服务业中所占比重较低，出现了严重的结构失衡状况。

6. 信息服务水平低，管理机构职能交叉

信息服务资源的发展速度相对滞后于信息基础设施建设的步伐。目前，信息服务业处于起步阶段，可利用的信息资源比较匮乏，缺乏相应的信息资源建设。在北京市的信息服务企业中，高水平的信息服务机构很少，企业之间信息流通不畅，对外提供和发布的信息重复较多，信息的时效性和针对性不强，部分信息中掺杂较多的虚假成分，信息的总体利用率较低。由于历史原因形成的政策壁垒导致管理部门的条块分割，从而产生对信息服务业的管理存在政出多门的现象。从横向来看，市信息办、市科委、市发改委、市商务局、市委宣传部、文化局、版权局、中关村管委会都在自己的职责范围内管理北京的信息服务业。从纵向来看，同一个部门中又有几个单位同时在管理信息服务业，如北京市科委下面有北京软件与信息服务业促进中心、北京现代服务业科技促进中心、北京生产力促

① 王辰晨. 北京市现代信息服务业经济效应研究［D］. 北京：北京交通大学硕士学位论文，2015.

中心、北京技术交易中心、北京创业服务中心等几个专业性的推动服务业发展的直属机构，他们也都涉及信息服务业。这样导致在对信息服务业的推动上出现了一定程度的纵向和横向交叉，形成了条块分割的状态。

## 二、天津市

**1. 产业结构不合理，市场化程度低**

从行业产值来看，天津市的信息服务业在第三产业中的贡献还较低，专业化程度有待提高。根据2013年天津经济普查年鉴中信息服务业企业损益及分配情况可知，天津市信息服务业产业结构组成基本上是以邮电、通信、网络和软件业为主。其中，通信业是信息服务业总体规模最大、营业收入最高、固定投资最多的行业。软件服务业规模偏小，以2013年的数据来说，仅占信息服务业营业收入的8%左右。软件、硬件比例失调，系统集成能力有待提高。在天津市，信息服务产业内部的革新动力主要来自基础电信业务技术的升级和变革。一些新型信息服务业虽然在不同程度上有所发展（如信息内容服务业、创意产业、信息咨询服务业等），但还不是很发达。尤其是内容信息服务和网络信息服务远远落后于北京市和上海市[1]。在从业机构类型方面，国有企业和事业单位占绝大多数，其他类型企业比例很小。信息服务业的研究活动较为单一和薄弱，信息服务业涉及多个学科和领域，而当前信息服务业的研究活动主要集中在图书馆学、情报学领域，缺乏与天津市经济发展具有密切联系的理论经济学、应用经济学、信息服务上下游产业链等方面的研究。目前，天津市信息服务业产业结构基本是由邮电业、通信业、网络和软件业所组成。其中，通信业为最大行业，电信、移动、联通、铁通、网通和卫通六大运营商的营业收入占到信息服务业总收入的70%左右。一些信息服务业的其他业态虽在不同程度上也有所发展，如信息内容服务、创意产业、信息咨询服务等，但还不是很发达。尤其是内容信息服务和网络信息服务远远落后于北京市、上海市[2]。

**2. 信息市场资源配置缺乏统一的规划与协调，管理体制不够顺畅**

信息服务业是新兴行业，而且渗透到社会经济生活的各个领域，得到了各部门的关注和支持。如果没有统一规划，很容易造成信息市场资源浪费。现在市民

① 雷鸣，王天耀. 天津市信息服务业发展存在的问题与对策 [J]. 中国商界，2010 (3).
② 高景祥. 天津市信息服务业发展的 SWOT 分析 [J]. 图书与情报，2009 (1).

手里都有许多卡，城市卡、购物卡、用餐卡等。如果可以把各部门协调起来，既能提高信息服务的利用率，同时也给人们的生活带来更大的便利。天津市信息服务业在管理体制上还不够顺畅。信息化领导体制、工作机制还不适应工作形势的发展，各区县信息化主管部门还不统一，信息产业管理职能尚有交叉。比如，同属于 IT 服务业的软件服务业和系统集成业在天津市就由科学技术委员会（科委）和经济与信息化委员会（经信委）来共同管理，服务外包业商务部有所介入，基础运营商（也应属于服务业）由通信管理局监管；广播电视传输服务由广电局广电网络公司管理。可见，天津市的信息服务业管理体制是各个部门都在管。这样的体制一方面能够充分调动各部门的积极性，有利于形成办事合力；另一方面也存在弊端，不利于统一规划、统一部署和统一施行优惠政策，管理力量分散有时容易形成部门间扯皮，降低办事效率。此外，由于涉及部门过多，使得信息服务业的统计渠道过多，给统计工作带来不便①。另外，信息资源的有效开发与利用是发展信息服务业的基础与重点。天津市现有信息资源大部分掌握在国家机关单位、高校等部门系统内部，还未出台《信息化条例》、《政府信息资源管理条例》等有利于信息资源公开与利用的地方性法规。高校的信息资源尚未向社会开放，企事业单位的信息资源也不向其他单位开放，全市没有形成统一、共享的公共信息利用平台。天津市拥有各类型数据库的数量，排在北京市、上海市、江苏省、浙江省等省市后面。

3. 服务对象与层次不够明确，信息用户对信息产品的质量要求提高

天津市现有信息服务单位和企业主要由天津市科技信息研究所、天津市图书馆、各高校图书馆、各企业信息中心和各种形式的信息咨询、服务企业组成。开展信息服务的对象和分工层次不够明确，主要表现为没有形成信息服务市场的细分化。高校图书馆应为本单位知识创新提供科技信息服务；公共图书馆应为大众生活和社区提供社科信息服务；专门信息研究所和信息咨询企业应为全社会企业提供技术创新、制度创新和市场营销方面的信息服务②。随着社会信息环境的变化，用户信息需求也呈现出多样化、专业化和个性化的特点。一方面，大众对于休闲、娱乐、文化、交通、财经、求职等社会科学信息需求强烈；另一方面，各企业、单位开展技术创新、知识创新活动，特别需要政策、法规、金融、创造发

① 雷鸣，王天耀. 天津市信息服务业发展存在的问题与对策 [J]. 中国商界，2010 (3).
② 高景祥. 天津市信息服务业发展的 SWOT 分析 [J]. 图书与情报，2009 (1).

明、科技成果、市场营销等多方面信息。从类型上看，包括文献型信息与非文献型信息、隐性信息与显性信息、竞争情报信息与反竞争情报信息；从特点上看，对信息内容需求表现为综合性、新颖性、多样性和针对性。这就要求信息服务部门必须按照不同层次、不同对象提供专业化、个性化的信息产品。信息需求的变化可以促使信息服务部门转变服务观念、更新服务手段，应用信息技术开展更好的服务；同时也会使一些常规性、传统性信息服务工作陷入危机。

4. 对专业技术人才的吸引力较弱，信息服务业竞争加剧

根据全国及各省市信息化要素综合评分统计，天津市信息化人才得分排在北京市、上海市之后，居全国第三位。随着北京市、上海市经济的快速发展及2008年奥运会和2010年世博会的举办，天津市大批优秀信息化人才向北京市、上海市流动的趋势非常明显。据国家统计局公布的数据，2014年北京市城镇单位就业人员平均工资居全国各地区之首，第二位是上海市，天津市居第三位。收入水平相对较低，成为人才外流的因素之一。另外，其他省市专门制定了吸引信息化人才的措施。例如，北京市13个委局联合下发了《北京市吸引高级人才奖励管理规定实施办法》，专门涉及软件企业、集成电路企业。信息服务产品的品质如何成为信息服务业企业能否立足的保证。天津市所处的京津冀地区，是长三角、珠三角之后的全国第三级经济增长点，信息服务业的发展速度快慢直接影响天津市经济总量的增加。由于目前信息服务业竞争加剧，只有快速发展才不至于被淘汰。因为周边省市都十分重视信息产业和信息服务业在产业结构中的主导地位。北京市作为中国的科技、文化、教育和信息中心具备了发展信息服务业的先天优势，中关村科技园区是中国高科技产业园区的代表，全市聚集了国内外众多知名IT企业。北京市在《北京城市总体规划》和《北京市国民经济和社会发展"十一五"计划和2020年远景目标纲要》中都确立了优先发展信息服务咨询业、建立国际性信息服务中心的目标。总的来说，北京市依托雄厚的科研机构、高校和全国行业总部的优势，呈现出信息传输服务业日趋成熟、系统集成和软件服务业发展势头强劲、电子商务蓬勃发展、信息资源产业发展潜力巨大等态势。在上海市，全国最大的网络游戏运营商盛大、网游、九城纷纷落户。目前，河北省已拥有一个布局较为合理、技术先进、功能齐全、方便快捷、优质高效的现代化综合通信网。山东省也出台了《关于加快我省信息服务业发展的意见》的通知。由此可见，信息服务业定将成为越来越多城市经济发展的重点关注领域，天津市面

临的竞争是必然存在而激烈的①。

### 三、河北省

1. 产业结构不能适应市场需求的变化

结构性矛盾依然是制约河北省软件业发展的瓶颈，表现为产业结构不尽合理，系统集成和软件服务收入占软件业总收入比重偏低。在河北省的全部软件收入中，软件产品就占了78.5%。系统集成收入和软件服务收入分别占19.9%和1.5%，远远不能适应市场发展的需要。与先进地区差距拉大，有被"边缘化"的危险：一是增速下滑，与先进地区差距拉大。2005年河北省软件产品及系统集成销售收入同比增长了10.15%，而同年全国10个软件收入超过百亿元的省市平均同比增长39.8%，北京市、广东省、上海市、江苏省的增幅分别高达42%、43.3%、67.6%、98.9%。二是占全国收入的比例也呈下降趋势，2004年河北省软件收入占全国比例为0.78%，2005年下降为0.53%，而软件收入前10名的省市收入合计达到3422亿元，占全国软件收入的87.7%，北京市、广东省、上海市、江苏省所占比例分别为23.2%、14%、10.5%、9.9%。三是缺乏有实力的企业和优秀的产品，2004年河北省认定的软件企业数量仅占全国的1.4%，登记的软件产品占全国的3.2%。2005年国家四部委联合发布了国家规划布局内重点软件企业的名单，共有164家企业，其中北京市39家，上海市27家，河北省仅有2家。四是被排除在国家的产业布局之外。我国共有11个"国家软件产业基地"、6个"国家软件出口基地"、35所示范性"软件学院"，没有一个位于河北省。

2. 产业聚集度较低，创新转化能力不足

河北省电子信息服务产业基础较弱，产业规模还比较小，近年来还出现了经济效益萎缩等现象。企业数量不断增加，但龙头企业数量明显不足，企业发展水平有待提高，与我国其他地区有相当的差距。产业城乡发展不平衡，基础设施普及率城市明显高于农村，信息服务业在农村发展相对于城市较为缓慢。河北省所做的一些资源开发方面的工作是初步的，信息基础设施在河北省的需求十分旺盛，很多地区基础硬件设施虽逐渐完备，但对于信息资源开发来说远远不够。河北省缺乏能够形成规模经济、带动行业发展的大公司、大集团，产业基地（园

---

① 高景祥. 天津市信息服务业发展的 SWOT 分析［J］. 图书与情报，2009（1）.

区）建设速度和发展水平与京津相比差距较大，承接产业转移和聚集产业发展的能力较弱，尚未形成京津冀一体化协调发展的格局。并且投融资机制不完善，多数软件与信息服务企业融资渠道不畅，风险投资和融资担保体系尚不健全，在技术研发、生产、服务、人才培养等方面资金匮乏。支撑产业发展的公共技术开发体系、企业技术创新体系、市场开拓体系不健全，自主创新成果缺乏应用带动，且技术转化率低，人才、创新和产业互动发展的环境尚未形成。出口创汇、开展区域和国际合作、承接服务外包的能力不足，与山东省、辽宁省等相邻省份差距较大。

3. 人才结构不合理，信息服务意识较差

人才引进、培养与市场需求没有形成良性互动的发展格局，人才供给不能适应产业发展的需要，特别是高端软件人才、国际化软件人才严重短缺，缺乏吸引人才和留住人才的良好机制，人才短缺与人才外流并存[1]。京津冀许多信息服务企业的发展还处于起步阶段，缺乏吸引人才的机制，而且，从业人员素质偏低，信息技术研究比较落后，有些成熟的技术得不到应用，信息技术缺乏创新[2]。用户对信息需求意识淡薄，一些企业对信息的重要性认识不够，导致这些企业对市场信息掌握不及时，阻碍了企业的发展。同时，大部分企业缺乏信息共享意识，许多信息资源滞留在系统内部，得不到充分利用。

# 第四节 协同发展思路

## 一、科技协同发展

通过京津冀的协同创新，可以减少技术研究中的"点状化"低水平重复，实现科技资源市场化流动，从而产生乘数效应。

1. 发挥京津创新引领作用

从全国范围来看，北京市和天津市两地均属于科技资源、人才资源丰富地

① 河北省统计局. 运行河北省软件与信息服务业发展"十二五规划"［EB/OL］. 2016 - 01 - 10，ht-tp：//www. hebei. gov. cn/hebei/10731222/10751796/10758975/12374627/index. html.

② 张亚飞，赵俊玲. 试析河北省电子信息服务业的发展策略［J］. 河北科技图苑，2013（26）.

区。应继续引导和支持北京集聚和利用高端信息、技术资源，提升自主创新能力，突破一批核心、共性和基础性技术，加快科技服务业、信息服务业发展，打造我国自主创新的重要源头和原始创新的主要策源地。加快中关村国家自主创新示范区发展，探索新的管理运营模式，打造产学研结合的跨京津冀科技创新园区链。加快建设天津滨海国家自主创新示范区，加大重点领域和关键环节改革试点力度，强化对周边区域的引领辐射示范作用。总体来说，京津科技可以形成共同体。具体方案可以从以下几个方面展开①：

第一，共建科技园。科技园区共建是聚集科技人才与资金，形成创新与创业环境的快速、有效的办法之一。京津可在武清高村、北辰、东丽、宝坻、滨海新区等多地建立科技产业园，形成以新一代信息技术为主导的共建产业园区。通过产业园区共建的形式，京津可形成产业的承接与转移以及区域之间优势互补发展。以产业合作共建带动区域之间产业优势互补发展。以产业合作共建带动区域间企业交流、要素流动、技术溢出、人才培养等，形成以园区共建的"点线"合作带动生产要素、企业主体、产业链条的"合作网络"，形成区域间产业发展的利益共享格局。从共建形式上看，京津政府可以推进合作共建产业园区、先导型企业与地方政府合建、跨省市间园区共建产业园区、高校与地方政府合建等模式，以引导企业向产业园区聚集。从产业发展需求和脉络来看，园区将主要依托北京中关村科技园和天津滨海新区文化创意、金融创新、高端装备制造等产业优势，实现京津双城高端制造、电子信息等科技链条及产业链条的互动与合作。从分工形式上看，共建产业园区一般采取股份合作模式，共建园区管委会、投资开发公司等作为管理机构，建立利益共享机制，京津共谋发展，北京市承担技术支撑、人才引进、招商引资等职能，天津市作为合作方则更多地承担园区选址、基础设施建设、园区日常维护等职能。天津市可采取牺牲部分经济利益以换取科学技术、人才、资源向天津市流动的策略。

第二，鼓励科技共同体相互依托市场化机制，引导科技型企业结合资本市场的运作方式，通过投资并购、科技基金入股、子母公司等形式入股科技型企业，形成以所有权、治理结构、资金结构等为纽带的京津科技共同体。充分利用北京市、天津市具备较完善的金融基础和金融产品的优势条件，鼓励京津成为科技创

---

① 邢元敏，薛进文．新时期京津"双城记"：京津冀协同发展研究（一）［M］．天津：天津人民出版社，2014.

新试点工程，鼓励市场化的运作模式。一方面，京津成立科技入股试点，建立一套从风险投资到二板市场再到主板市场的相对完整的资本市场体系，以确保科技创新者获得大量的资金支持，保障企业内科技研发资金支持力度。另一方面，鼓励京津间科技型企业之间的投资并购，设置子公司、办事处、成果转化中心、营销中心等，引导企业以技术链条和企业发展为布局，采用市场化的机制来延长技术链条，完成技术一体化，以真正实现京津微观主体的科技一体化。鼓励京津双城相互以市场化的手段参与科技企业、科技部门及部门科技业务，形成科技需求与市场需求对接，科技资金与科技资源对接，科技研发、转化、生产等市场化分工的新局面。

第三，引导京津建立"研发、实验、交易、转化、生产"等功能一体化，驱动京津采取多种科技及产业合作形式，建立京津电子信息、装备制造等一体化示范行业，形成"技术不分家"、"研产销一体化"的新科技及产业链条。引导京津科技链条、科技服务功能、科技产业链条的共同建设，一方面引导区域内技术合作从多方面展开，以 R&D 开发、二次开发、技术辐射、产品产业化等形式为主，引导京津两地实现技术之间的互动合作和协同；另一方面，引导区域内互访交流，引进核心技术或产品，引进设备，引进核心部件、材料等合作过程，形成区域研产销互动式、正向循环发展的模式。依托北京的科技研发力量及优势，促进北京科技研发成果向天津转化，依托天津的转化及制造优势、港口资源优势、促进天津承接转化与生产，形成区域之间的产业与产品支撑、研发与转化生产互促的科技一体化局面。

第四，共建科技服务体系，形成中关村科技资源、管理经验和品牌优势"一揽子"输出到天津市，保障科技人才、科技资源及创新环境的优质输出和合理配置，保障交通和生活配套服务的完善。利用京津的地缘优势，利用高村与通州接壤的空间优势，进一步推进和落实中关村和武清区高村的合作项目，打造一体化的科技服务体系，推动京津科技共同体从"依托产业"到"依托智慧"的转变。在高村成立中关村—高村产业园区，形成中关村科技资源、管理经验和品牌优势"一揽子"输出计划。联合高校、科研机构、企业等聚集科技资源，建立科技投资、研发转化、技术交易、实验检测等配套服务体系，建立科技金融、科技中介、法律服务等第三方中介机构，建立科技工作者联盟、科技工作俱乐部等以适应科技工作者特殊的工作状态和条件。打通京津之间的交通阻碍，由天津市出资，把亦庄和土城地铁站修建到高村，形成科技人员在京津内的无缝对接。建设科技工作者居住房及配套设施，引入北京的教育资源以成立分校等形式建立与科技园区配套的教育基地，保障科研工作者能在科技共同体安家，并享受北京中关村的科技创新服务及基础设施配套服务。

第五，共建京津技术标准与技术联盟。以企业的形式加入产业联盟、行业协会、天津市主动对接中关村的管理理念，以企业的形式加入京津科技一体化的合作中。利用北京移动互联、中关村空间信息技术、中关村产业技术、中关村物联网产业等多家联盟机构、行业协会经验，积极建立跨地区的行业协会联盟或新的行业协会组织，发挥行业协会、中介机构、研发机构等各种社会组织在区域合作中的重要作用。各地政府共同制定区域行业发展规划、区域共同市场规则，推进区域市场秩序建立，探索区域各类市场资源的对接与整合，以行业协会等社会组织力量推动地区一体化发展。

2. 促使河北省承接京津创新产业疏解

河北省信息、技术水平相对落后，且创新能力不足。当前我国处于稳定增长的新常态时期，创新成为经济增长的主要动力，河北省创新能力在全国排名处于20位之后，而北京市和天津市分别处于第二位、第三位，三地协同发展将对河北省产生巨大的带动效应。河北省可以建设、调整、提升一批面向京津的协同发展载体与平台，这样既可以针对京津科技创新资源的专业特点，搭建适宜吸纳、聚集京津创新资源的平台和载体，又可以与京津高层次人才建立起稳定的协同创新联系。针对河北省具体情况提出以下建议[1]：一是建立一批中关村科技合作区，为京津科技人员到河北省创新创业提供载体。目前秦皇岛市已正式建立了中关村合作区，承德市、沧州市等地也在积极谋划。并将关注点由享受优惠政策向与中关村建立稳定的信息、技术联系转变，促进河北省科技型中小企业、战略性新兴产业发展。二是吸纳京津高新技术转化和产业化项目成果，新建与提升一批高新区、经济技术开发区、科技企业孵化器等，将重点放在打造产业集群、构建创新链条、提供良好创新平台和服务商，吸引京津高新技术在冀转化和产业化，也吸引京津新兴产业向河北省转移。三是针对破解河北省产业发展中的技术瓶颈和产业共性技术，与京津共建一批重点实验室和企业技术工程中心，推动河北省与京津高校和研究所协同创新，进一步提升河北省的创新能力和对产业的支撑

---

① 邢元敏，薛进文. 优势互补合作共赢：京津冀协同发展研究（二）[M]. 天津：天津人民出版社，2015.

能力。

　　3. 完善京津冀区域创新体系

　　一是培育壮大企业技术创新主体。建立健全企业主导产业技术研发创新的体制机制，促进创新要素向企业集聚。鼓励大型企业发挥创新骨干作用，加大科研投入，加快培育科技型中小企业。联合组建一批产业技术创新战略联盟，推动企业、高校和科研机构加强产学研合作，支持企业整合利用国内外创新资源，探索建立具有国际一流水平的高端实验室和创新中心。二是加强科技成果转化服务体系建设。推进京津冀技术市场一体化建设，完善科技成果转化和交易信息服务平台，建立健全技术交易市场，完善信息共享、标准统一的技术交易联盟等，培育科技服务新兴业态。提高大学科技园、科技企业孵化器、生产力促进中心等的专业服务能力。三是完善科技创新投融资体系。建立科技金融合作平台，支持风险投资和互联网金融业健康发展，构建多功能、多层次的科技金融服务体系。支持金融机构开展科技金融创新试点，拓展投融资渠道。完善科技成果转化平台市场化运营机制，探索形成金融服务实体经济、促进经济结构调整和转型升级的新模式①。

### 二、产业协同发展

　　首先，按照产业创新生态系统"研究、开发、应用"三大群落的构成，形成一个"研发—转化—生产"良性循环的区域产业生态系统，最终将京津冀建设成为"科技创新＋研发转化＋高端制造＋高端服务"分工合作的世界级城市群。编制京津冀信息产业协同发展专项规划时以京津冀产业协同发展和建成世界级产业创新中心为总目标，结合三地的发展定位，编制三地产业发展的中长期规划，从总体上实现三地产业发展的融合和对接，使信息产业链梯度有序分布，不同产业集群在空间价值链上错位发展。

　　其次，按照"强点、成群、拉链、结网"的路径，设立产业创新引导基金，实现京津冀产业协同创新。强化创新节点、创新要素建设，培育、壮大行业领军企业，发展创新型的、具有成长力的中小科技型企业；进一步优化环境与降低创新要素流动成本，促进本地创新要素联合互动，促进产学研合作，推动产业集群向创新集群转变；以"缺链补链，短链拉链、弱链强链、同链错

---

① 叶堂林. 京津冀协同发展的基础与路径［M］. 北京：首都经济贸易大学出版社，2015.

链"为思路，将三地产业子模块统一起来，"黏合"成一个多主体的聚集体，形成产业链的相互融合与无缝对接；在产业链、创新链、科技链企业之间及企业与高校、科研院所、金融机构、中介机构、政府之间形成相对稳定的创新网络，构建分工合理的创新发展格局。明确京津冀科技创新优先领域，实现合理分工与有序协作。北京市重点提升原始创新和技术服务能力，打造技术创新总部集聚地、科技成果交易核心区、全球高端创新中心及创新型人才聚集中心；天津市重点提高应用研究与工程化技术研发转化能力，打造产业创新中心、高水平现代化制造业研发转化基地和科技型中小企业创新创业示范区；河北省重点强化科技创新成果应用和示范推广能力，建设科技成果孵化转化中心、重点产业技术研发基地、科技支撑产业结构调整和转型升级试验区，从而形成从北京市的知识、技术创新基地到天津市的创新转化基地，再到河北省先进制造基地的协同创新网络架构。

再次，搭建跨区域的产业协同创新平台。借鉴中关村协同创新平台模式，由三地政府组织，汇集企业、高校、科研机构、金融组织、服务中介等，搭建京津冀产业协同创新平台，促进重大行业资源整合、金融资源聚集、创新服务资源聚合等。另外，还可以设立产业创新引导基金，由三地共同出资，联合设立产业创新引导基金，并成立创新基金管理委员会。创新基金主要投向高端制造、新材料新能源、航空航天、新一代信息技术等战略新兴产业领域，资助对象包括京津冀三地的大学、科研机构、科技型企业等。

最后，完善产业创新生态环境。研究、建立跨区域、跨机构的协同创新政策，扫除产业发展和示范建设中存在的体制机制性障碍，营造京津冀协同发展的文化氛围、创新氛围，实现产业、科技、市场、人才、金融等管理模式的创新，根据产业发展变化和具体区域要求实行不同的创新政策引导和支持[①]。

### 三、交通协同发展

推进京津冀区域信息服务业协同发展，交通必须先行。交通基础设施的完善和便利不但有利于地区间人员和资源的流动，创造更大的区域价值。从现状来看，京津冀地区各城市之间的基础设施建设和便利通达性还远远落后于市场需求，特别是天津市和河北省之间的交通通达性更为滞后，仅以火车为例，截至

① 叶堂林．京津冀协同发展的基础与路径［M］．北京：首都经济贸易大学出版社，2015．

2013 年底，从天津市始发到石家庄市的火车最快需要接近 6 个小时，天津市到承德市最快需要 7 个多小时，而天津市到石家庄市与承德市的距离只有约 350 公里。珠三角与长三角都已经实现了 1 小时经济圈①，两者之间的差距是无须多言的。交通协同创新的关键是在统一规划的前提下，对现有交通基础设施进行整合与对接，通过"联"促进"流"。按照"谁受益、谁投资"的原则，统筹规划建设区域路网及水电气管网等基础设施，建立京津冀公路、铁路、航空枢纽及港口协作机制。推进区域综合交通运输信息互联互通与共享开放，加强交通运输法规政策和技术标准对接，形成区域统一开放的运输市场②。

借鉴国内外城市群和都市圈的发展经验与教训，京津冀必须有一个明确合理的区域城市交通发展政策和配套措施，强化以公共交通为主的大众运输系统，以快速轨道交通作为支撑和引导，实行"公共交通轨道化，轨道交通公交化"，串联京津冀"2（北京市和天津市）+11（河北省 11 个设区市）"的城市群，着力打造京津保、京津唐、京津廊等金三角的快轨交通网络，引导城市交通向大众、高效、低耗、可持续发展的方向发展；城市轨道交通的发展应该有合适的规模和等级结构配置，应根据各级城市的交通强度与密度、地理环境，沿快速轨道交通线路及站点，实现快速轨道交通与换乘枢纽、公交客运（车辆、场站、线路等）密切结合，组团式发展城镇市区。整合京津保、京津廊、京津秦、京保石、京张承等三角经济区域的交通基础设施，加快推动秦皇岛、沧州、邢台、邯郸和衡水多个重要节点城市的内部交通基础设施，以及其与外部海陆空交通枢纽的联系，实现交通网络与产业布局、城镇空间优化相结合，实现由单中心向多中心、圈层结构向网络结构转变，最终形成环状节点城市群。

改变以北京市为中心的放射状交通网络格局，推进张家口市、承德市、秦皇岛市、保定市大外环绕城公路"一环六射"的高速公路网建设，减缓北京市的交通负担。同时，加快京昆高速河北省涞水段等 18 条"断头路"的修复，在疏通京津冀三地交通"大动脉"的同时，疏通省道及次级公路等"毛细血管"，着重清理京津与河北省交界处的 24 条"限行路"，从根本上解决周边百姓经济活动和人员往来的瓶颈问题。围绕中心城市对京津冀城市群的带动引导作用和经济中心对区域合作与分工的促进作用，积极构建城际快速通道网络。增强中心交通节

---

① 周立群. 滨海新区发展报告 2014 [M]. 天津：天津人民出版社，2014.

② 叶堂林. 京津冀协同发展的基础与路径 [M]. 北京：首都经济贸易大学出版社，2015.

点的联系，形成以京津为主轴、石家庄市和唐山市为两翼、各节点城市相连接的城际轨道交通线路网，进一步推进京津冀城市群城际铁路交通网络的完善与优化；增强衡水市、张家口市、承德市等次级交通节点的综合实力，不断加密交通网络，增加总量规模，提高网络质量，使节点城市间交通网络的发展差距不断缩小，交通网络的通达性全面提高；石家庄市作为以陆路为主的交通枢纽，要不断建设和完善京港澳、张（邯）石、石（津）港、青银等综合运输通道，并不断扩大对多功能现代化交通信息网、配套服务中心等交通设施的需求，尽快实现石家庄市与京津现代交通设施的对接，使其在京津冀城市群交通网络中发挥更大的作用①。

### 四、公共服务协同发展

依托京津教育优势，完善区域教育合作机制，优化教育资源布局，发挥优质教育资源辐射带动作用，帮助河北省提高教育水平。鼓励扶持在京高校与河北省、天津市高校共建特色学科，共建校区。组建"京津冀高校联盟"，合理确定京津冀高等教育规模，促进高校优质教学科研资源共享。推动京津冀职业教育统筹发展，优化学校、专业布局，推进对口合作、集团化办学等，加快建设与产业发展相适应的现代职业教育体系②。天津市、河北省可与北京市构建科技资源对接机制，结合自己地区经济社会发展和产业结构调整的需要，围绕优势产业和急需解决的科研难点，由主管副市长牵头，组织科委、教委、发改委、经信委和驻京办等部门，组建科技资源对接领导小组，组成若干专业团队与北京市对接。引进北京市科技人才构建创业创新团队，结合天津市、河北省经济社会发展和产业结构调整的需要，以支柱产业和新兴产业的发展为重点，充分利用人才的异域共享，吸引北京市创业创新人才。通过技术难题招标、外聘技术顾问、购买专利技术、产学研联合和技术攻关等方式，以自主创新项目为载体，大力引进北京市高端人才，构建创业创新团队，建立高端人才特区③。在京津冀科技、产业合作示范区内，率先实现社会政策对接和基本公共服务均等化。通过试点经验的推广，尽快形成区域公共服务均等化的制度体系和法律框架。为解决各地区财力

---

① 邢元敏，薛进文. 新时期京津"双城记"：京津冀协同发展研究（一）[M]. 天津：天津人民出版社，2014.

② 叶堂林. 京津冀协同发展的基础与路径 [M]. 北京：首都经济贸易大学出版社，2015.

③ 罗永泰. 天津现代服务业发展历程与趋势探索 [M]. 天津：天津古籍出版社，2015.

不均衡的问题，应创立"区域基本公共服务一体化专项统筹资金"，实行横向转移支付；为实现基本公共服务"底线公平"，应设立统一的区域基本公共服务标准。

# 第 二 章

## 京津冀信息服务业优势领域

近年来，京津冀三地信息服务业整体发展势头强劲。产业总产值及占地区生产总值的比例、固定资产投资、从业人员数量及素质等方面都有了质的飞跃。但作为信息服务业这个体量巨大的产业来说，各分行业发展的具体程度有所差别。其中，京津冀三地信息服务业发展的亮点集中体现在以下几个行业：软件业、电子商务、电信业、大数据互联服务以及新兴业态。

## 第一节　软件业

软件业是当前世界上增长最快的朝阳产业，并将成为 21 世纪推动世界经济发展和社会进步的重要动力。在我国，软件业已经得到资本市场和社会各界的高度重视，随着国民经济信息化速度的加快，软件市场空间巨大。在这样的大背景下，京津冀三地的软件业发展迅速，在京津冀信息服务业协同发展中发挥着举足轻重的作用。

### 一、北京市

首先，近年来，我国软件产业总体保持平稳较快发展。而软件业一直以来都是北京市信息服务业的最大组成部分，同样保持了快速发展的势头，特别是北京市在科研机构和高水平人才两方面的优势为软件产业的发展提供了强大的推动力①。软件业总量规模保持高位增长，规模领先优势明显是目前北京市软件业发展的突出特点。从图 2 - 1 可以看出，2005 ~ 2014 年软件产业的销售收入持续快速增长。2008 年，北京市软件产业销售收入就达 1537 亿元，同比增长 22.70%，领先国内其他省市，成为推动北京市经济社会发展的重要增长点。2013 年，北京市软件业实现营业收入 4210.6 亿元，首次突破了 4000 亿元，年增长率达到 16.57%。按可比口径，占全国总额的 13.77%，远远超过国内软件产业发展较好的上海市、天津市、广州市、南京市等城市。软件企业总数达到 2682 家，占全国软件企业总数的 8.05%，超过上海市的 2498 家、天津市的 560 家。到 2014 年软件产业实现营业收入 4720 亿元，同比增长约 12%。

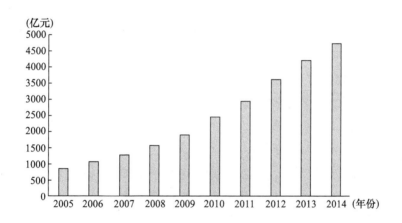

**图 2 - 1  北京市 2005 ~ 2014 年软件产业业务收入**

资料来源：2006 ~ 2015 年《中国电子信息产业统计年鉴》。

其次，北京市的软件骨干企业优势明显，实力突出，骨干企业的迅速发展将逐步提高软件业产业集中度，进一步增强北京市软件业竞争力。截止到 2013 年末，北京市 73 家企业入选 2013 ~ 2014 年度国家规划布局内重点软件企业名单，占比为 28%，企业数量比 2012 年多 23 家。其中，紫光华宇等 8 家企业退出，新增四方继保等 31 家企业。2 家企业入选工信部首批 4 个特一级计算机信息系统集成资质企业。软件业务收入前百强企业，一级和二级集成资质企业数均占全国的

---

①  张茜. 北京市信息服务业发展水平评价研究 [D]. 北京: 北京邮电大学硕士学位论文, 2011.

28%。11 家企业通过首批国家运维通用要求符合性评估，约占全国的 60%。2014 年北京市北大方正、航天信息、同方股份、大唐电信、神州数码等 32 家软件企业入选工业和信息化部 2014 年（第十三届）中国软件业务收入前百家企业，占全国总数的 32%，远远多于广东省（15 家）和江苏省（9 家），比上届新增 4 家，入选企业数量连续 13 年居全国首位。入选企业收入合计达 892 亿元，占全市软件业务收入的 21.2%，占全国百强总收入的 19%，为软件产业稳定增长和推动结构调整发挥了带动作用。但在全国优势地位仍有较大提升空间，前 20 家企业中北京市只有 5 家。除此之外，还有 6 家国家安全可靠计算机信息系统集成重点企业；34 家知识产权运用能力培育工程试点企业，占全市的 29.1%。

再次，软件出口额继续增长。2005 年以来，北京市软件出口保持年均 35% 以上的增长速度，软件出口增长迅猛。重点发展对日软件外包，积极开拓欧美出口市场，软件出口增长迅猛；建设国家软件出口基地，汇聚软件出口资源。据海关统计，2008 年北京软件与服务出口实现 5.35 亿美元，同比增长 16.5%。据北京市经济和信息化委员会披露的数据显示，2014 年北京软件出口达 39 亿美元。产业政策落实效果良好，产业发展环境优化。在双高人才奖励方面，2008 年有 1529 名软件企业高级人才共得到高达 1.5 亿元的奖励金额；在鼓励出口方面，2008 年累计为 440 家软件企业办理高新软件出口企业确认，享受海关出口增值税免税优惠。企业创新趋于活跃。2013 年，北京市新认定软件企业和新登记软件产品数量平稳增长，新认定软件企业 1956 家，新认定软件产品 8783 件。2014 年 1~6 月，北京市新认定软件企业 55 家，同比增长 5.5%，新登记软件产品 3586 件，同比增长 6%。2014 年，北京市软件著作权登记量为 48650 件，同比增长 16.6%。2014 年北京市软件著作权登记量占全国的 22.2%，连续 9 年位居全国第一。

最后，初步形成了特色产业园区，集群效应日益凸显。产业布局集中度增加，中关村国家自主创新示范区核心区软件服务业收入占全市的 82%，形成了石景山网络游戏软件、朝阳信息服务、密云数据中心、中关村软件园等一批有特色的产业聚集区。其中在细分领域中，基础软件方面是北京市软件业发展较为迅猛的一大类产业，2010 年实现营业收入 105 亿元①，虽然占全行业收入的比重不大，但基础软件是整个软件和信息服务业的核心与平台，是最能体现一国或地区

---

① 李穆南. 北京软件和信息服务业发展模式研究 [D]. 北京：首都经济贸易大学硕士学位论文，2012.

产业地位和竞争力的领域。经过近些年的不懈努力，北京市已经在包括操作系统、办公软件、中间软件、数据库等基础软件领域中形成了一套拥有完整自主知识产权的产品体系，在全国范围内处于领先地位。此外，在企业管理软件、信息安全软件等细分市场，北京市的优势地位也在进一步加强。

**二、天津市**

天津市发展软件和信息技术服务业有优越的条件，软件和信息技术服务业成果显著。一直以来，天津市重视信息技术人才培养，且具备丰富的教育资源，拥有天津大学、南开大学所属的两所国家级示范性软件学院以及多家专业软件学院，培训了大批拥有熟练技能的专业服务人才。如图 2－2 所示，2010 年以来，天津市软件业务收入增长较快。短短五年间，收入增长了将近两倍。尤其是 2011～2012 年增速明显，虽然 2012 年之后增长率有所下降，但总体上增长的趋势并未改变。

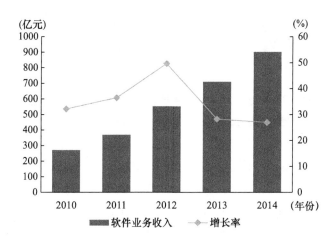

**图 2－2 天津市 2010～2014 年软件业务收入增长**

资料来源：《2015 中国软件和信息技术服务业发展研究报告》。

2014 年，天津市软件和信息服务业产业规模继续保持快速发展，软件产业实现业务收入 903 亿元，同比增长 27%。按照业务类型分类，软件产品收入 259 亿元、信息技术服务收入 550 亿元、嵌入式系统软件收入 94 亿元，分别占软件业务收入的 28.7%、60.9% 和 10.4%。按照服务模式分类，软件外包服务收入 5.34 亿元。按照销售地分类，软件业务出口 6143.17 万美元。2014 年，天津市软件业务收入超亿元的企业为 170 家，较 2013 年增加了 44%。其中软件业务收入超 10 亿元的软件企业为 16 家，较 2013 年增加 23%。从业人员 200 人以上规模的企业为 114 家。如图 2－3 所示，不仅总业务收入在增长，优势企业数量也在增长。2010～2014 年，天津市软件业务收入超亿元的优势企业数量从 40 家增长到 170 余家，这些企业的快速发展显著地推动了天津市软件产业的快速发展。

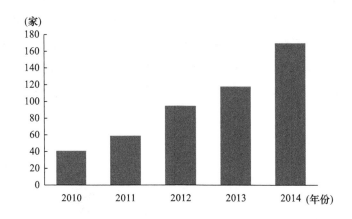

**图 2－3　天津市 2010～2014 年软件业务收入超亿元企业数**

资料来源：《2015 中国软件和信息技术服务业发展研究报告》。

在 2014 年天津市各项认定数量依然稳步增长。全年共认定软件企业 77 家，累计通过认定软件企业 621 家；登记软件产品 547 件，累计登记软件产品 3029 件；计算机软件著作权登记 949 件，累计登记著作权达到 12797 件。新增 12 家计算机信息系统集成资质企业和信息工程监理资质企业，完成 8 家资质单位换证，在系统集成资质有效期内企业共 83 家；29 人获得系统集成（高级）项目经理和监理工程师资格证书，完成（高级）项目经理换证 9 人，累计达到 874 人。从图 2－4 中可以明显看出，2009～2014 年，天津市"双软"认定及著作权登记数量逐年增加，尤其是累计登记著作权数量增长迅速。一方面显示出天津市软件产品的快速更新换代，另一方面也显示出天津市软件产业的知识产权保护意识在逐步加强。

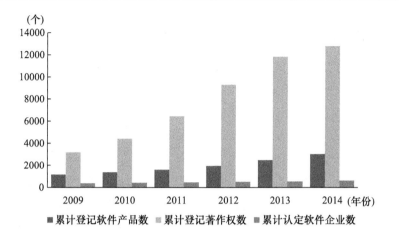

**图2-4 天津市2009~2014年"双软"认定及著作权登记数量**

资料来源:《2015中国软件和信息技术服务业发展研究报告》。

滨海新区天地伟业数码科技有限公司连续三年入选"中国软件业务收入前百家企业"榜单。天津市累计通过 CMM/CMMI 认证的企业为 19 家,通过 ISO27000 信息安全认证的企业为 6 家。而且,天津神州通用数据技术有限公司承担的"核高基"国家科技重大专项"神通大型通用数据库管理系统与套件研发及产业化"实施完成,在电信、金融等重点领域打破了国外数据库软件公司垄断的局面,成为国产数据库的领导品牌[1]。

2015 年,天津市软件业更是捷报频频,中国软件行业协会公布 2015 年度推广优秀软件产品活动名单,全国共有 71 件软件产品入围。天津市推荐申报的天津南大通用数据技术股份有限公司研发的南大通用大规模分布式并行数据库集群系统 V8.5、恒银金融科技股份有限公司研发的恒银金融 CIS 跨平台系统软件 V1.0 和恒银金融 CEN/XFS SP 系统软件 V1.4.0 等三款软件成功入选[2]。国家商务部对"2015 年(第八批)中国软件和信息服务业企业信用等级评价"结果进行公示,2015 年度共 136 家企业进行了信用评价评估工作,45 家企业进行了信

---

[1] 天津市现代服务业发展领导小组办公室. 2014 天津服务业发展报告 [M]. 天津:天津科学技术出版社,2014.

[2] 天津市软件行业协会. 2015 年度推广优秀软件产品活动名单揭晓 我市多项软件产品入围 [EB/OL]. 2016 - 01 - 10, http://www.tsia.com.cn/index.php? a = show&c = index&catid = 23&id = 5234&m = content.

用评价换证工作。天津市推荐申报的大宇宙信息创造（中国）有限公司和天津光电高斯通信工程技术股份有限公司均获得了企业信用评价 AAA 级。目前天津市在有效期内的软件和信息服务业企业信用评价企业已达 4 家，全部为最高级别的 AAA 级①，体现出天津市软件产业的整体技术水平提升，也成为未来产业发展的杀手锏。

### 三、河北省

河北省发展软件产业有着自身得天独厚的经济地理区位优势，依托京津两地区域发展的经济增长极作用，通过在资源、人才、科技、资金等方面的集聚效应、中心扩散效应以及反哺效应，为河北省软件产业的发展提供了有力支撑。河北省科技教育优势突出，人才资源较为丰富。目前，全省拥有本科院校 35 所，各类国家级科研机构 13 个，中等专业技术院校 20 多所，具备较为雄厚的科技人才基础。同时，一些科技企业与高校紧密联系，进行科研攻关，不断研发出性能优良、质量可靠的软件产品。科研机构和科研人才的优势，为河北省软件产业的发展奠定了坚实的科技基础。而且，河北省信息化水平在国内 31 个省市中居于中上等。河北省电子政务、企业信息化管理、网络建设、农业和农村数字化建设、基础数据库建设等领域对计算机技术和软件的需求日益增加。信息技术在钢铁、纺织、机械等传统产业中的广泛渗透、融合和农业、工业的智能化、数字化进程加快，明显拓展了软件产业的发展空间。另外，河北省 GDP 在全国处于前列，且已经连续 7 年保持 10% 以上的增速。经济的高速发展，意味着软件产品需求潜力巨大。同时，也为河北省软件产业发展提供了必要的物质基础和有力支撑。

近些年，河北省软件服务业核心作用不断增强。以高性能计算、云计算、泛在网、物联网等为代表的新技术、新模式、新概念不断涌现，加速了信息技术与其他领域技术的融合，为软件业的发展创造了新的机遇和空间。网络服务、软件服务成为产业发展新的特征，是信息产业中增长最快、潜力最大的发展领域。以应用软件、嵌入式软件和软件服务为重点，加快发展软件和信息技术服务业。加强信息资源开发利用，突出发展信息内容服务业。完善信息基础设施，拓展增值

---

① 天津市软件行业协会. 2015 年中国软件企业信用等级评价结果发布 天津市申报企业全部获评 AAA 级［EB/OL］. 2016 - 01 - 10, http：//www. tsia. com. cn/index. php? a = show&c = index&catid = 23&id = 5199&m = content.

业务，优化提升信息传输服务产业。充分发挥河北省在行业应用软件、通用应用软件和嵌入式软件领域的比较优势，进一步完善技术创新体系，瞄准电子政务、电子商务、城市信息化、企业信息化、农村信息化、现代物流、远程教育等领域，积极发展行业和多媒体应用软件、信息安全软件、地理信息与卫星导航等通用软件。做大做强通信电子、医疗电子、节能环保、安防和智能家居电子、汽车电子、电力电子、智能仪器仪表设备、卫星导航等领域的嵌入式软件。围绕传统产业改造升级和装备制造业发展，加快企业管理、产品设计、自动控制、集成平台、系统仿真、先进制造等工业应用软件的发展。以信息系统集成和应用服务为重点，发展面向行业提供解决方案的系统集成、网络应用服务、信息系统运行与维护服务、数据中心与资源外包服务、数据加工与处理服务、软件测试服务、信息系统工程监理和审计、软件与信息技术人才培训等，大力扶持信息咨询服务业发展。

据统计，中国软件产业 2011 年的软件业务收入为 1.84 万亿元，同比猛增了 32.4%，河北省软件产业的大幅萎缩和全国产业的高速发展形成了鲜明对比。2012 年我国软件产业共实现软件业务收入 2.5 万亿元，同比增长 28.5%，增速比电子信息制造业高出 16 个百分点，但低于 2011 年同期 3.9 个百分点。2012 年 1~12 月，河北省软件产业企业达 252 家。其中：软件业务收入为 124.94 亿元，与 2011 年同期相比增长 6.1%；软件产品收入为 28.86 亿元，同比下降 7.2%；信息系统集成服务收入为 88.4 亿元，同比增长率为 11%。中商情报网发布《2013~2017 年中国通信行业软件行业分析及发展预测报告》数据显示：2012 年 1~12 月，河北省软件企业实现信息技术咨询服务收入达 2.2 亿元，同比下降 56.1%；数据处理和运营服务收入达 7584 万元，同比下降 27.6%；嵌入式系统软件收入为 44815 万元，同比增长 374.5%；IC 设计收入为 2220 万元，同比增长 2640.7%[①]。2013 年，河北省软件业项目施工个数为 25 个，投产项目个数为 17 个，分别占信息传输、软件和信息技术服务业的 58.14% 和 62.96%，是河北省信息服务业投资发展的重点。

科技服务业包括研究和试验发展，专业技术服务业，科技推广和应用服务业三大类。2013 年，河北省规模以上科学研究和技术服务业实现营业收入 427.6 亿

---

① 2012 年河北省软件产业业务收入统计分析［EB/OL］. 2013 - 01 - 30，中商情报网，http://www.askci.com/news/201301/30/301885358654.shtml.

元，在全省服务业门类中居第三位。但是，该行业在全国比较落后，"第三次经济普查"该行业法人单位数、法人单位从业人员分别占全国的 3%、3.69%，明显低于河北省服务业占全国平均水平。河北省综合科技进步水平指数一直居全国第 18 位左右，与经济大省地位明显不符。当前，如果整个行业发展困难，可重点发展投资少、见效快的科技推广和应用服务业。京津聚集了全国最多的大学和科研机构，是科技创新和高科技人才聚集中心，京津冀协同发展最重要的是建立京津研发、河北生产的产业链，但河北省从中关村转化的成果仅占其向京外转移成果的 2%，因此特别需要发展科技中介服务。今后主要任务：第一，加强与京津科技资源的深度对接，探索共建研发机构、技术中介机构，开展技术转让、合作开发、委托开发等，提升与京津合作研发层次。第二，共建科技中介机构，培育科技市场，形成有效的科技中介运作模式，摸清京津每年有多少科技成果适宜向河北省转化，努力把京津成果引到河北省来。第三，促进科技成果与产业结合，促进京津科研机构与河北省合作建立产业研究院，建设一批成果中试基地，为京津成果转化转移提供载体①。

保定纵横软件开发有限公司的"建筑预决算系统"软件，被鉴定为"居国内领先地位，且比国际同类软件更适合我国国情"。华电仿真控制技术工程公司开发的仿真系列软件，被用于载人飞船仿真器的研制，在国内外产生了重要影响，该公司年销售收入可达 1200 万元。保定市软件企业具有三大特点：一是企业投入少，投入最多的有 1000 多万元，而大部分在 100 万元左右。二是从业人员学历高，保定市软件人员总数 1500 人，其中拥有博士学位的 25 人，硕士学位的 112 人，本科学历的 679 人；有高级职称的 166 人，中级职称的 334 人。部分高级软件开发人员的月工资达 2.5 万元至 3 万元。三是人均创造产值高，保定天河电子有限公司只有软件开发人员 35 人，但其仅 2009 年一年便实现销售收入 3000 多万元，平均每人可创造销售收入 85 万多元。

此外，石家庄和保定地区已涌现出了竞争力较强的手机软件开发团队。其中，139.ME 开发团队，主要为 iPhone 开发应用软件，仅"多彩水族箱"一款小游戏，每天就能够从苹果公司分得 1000 美元的收入分成。目前，由其开发的软件共 11 款，年收入 300 万元。掌讯信息技术有限公司则采用公司化的运作形式，

---

① 陈万钦．"十三五"时期河北省应重点发展的服务行业及主要任务［J］．经济与管理，2015（29）．

其软件主要定位于美国谷歌公司研发的安卓（Android）操作系统。软件产业为河北省重点发展的高新技术产业之一，目前，已形成廊坊市（燕郊）、石家庄市、保定市、秦皇岛市 4 家市级软件产业基地。其中，河北省软件产业基地（石家庄）的发展尤为突出，已发展成为孵化面积达 24000 平方米、软件企业总数为 106 家、从业人员近 4000 人、技工贸总收入达 9 亿元的软件产业专业孵化基地。由于其总体规划和产业基础均已达到国家级软件园认定条件，河北省软件产业基地（石家庄）被正式认定为国家火炬计划软件产业基地。这不仅是全国第 34 个国家火炬计划软件产业基地，也是河北省首个国家级软件产业基地。基地内认定的软件企业共计 54 家，登记在册的软件产品 172 项。与此同时，河北省软件产业基地积极开展与北京中关村软件产业园的合作，这也在一定程度上起到了承接中关村软件产业转移的作用。

# 第二节　电子商务

电子商务早已广泛渗透到生产、流通、消费等各个领域和社会生活的各个层面，网络化生产经营与消费方式逐步形成，使资金周转、物流效率普遍改善，产业结构调整步伐加快。国民经济重点行业电子商务应用已形成一定规模，生产经营管理方式向网络化、数字化、集约化方向发展。经济发达地区的部分中小企业充分利用网络营销获取新的商业机会，成为电子商务的积极实践者。京津冀地区作为我国经济发展较快的区域之一，电子商务的发展同样如火如荼。

## 一、北京市

北京市电子商务发展迅速。据不完全统计，2009 年电子商务交易规模保持高速增长，全市电子商务总交易规模约为 2743 亿元，同比增长 14.39%，2010 年 1 ~ 10 月，北京市电子商务总交易额约为 3000 亿元，同比增长 25%。从不同交易模式上看，B2B 交易规模约 2494 亿元，占全市电子商务交易总额的 83.1%，交易额突破 450 亿元，约占总体的 16.4%。从 2002 ~ 2009 年，北京市电子商务交易规模增长了六倍，同比增长率年均在 29.9% 左右，始终保持高速增长。北京市电子商务的发展聚集了信息技术、商贸物流、资金人才、国际化资源对接等方面的优势，初步形成了电子商务产业集群。据北京市统计局数据显示，2010年北京市电子商务交易总额约为4000亿元，"十一五"期间年均增长45%，第三方电子商务平台交易额约为2600亿元。北京市电子商务企业数量约占全国总量的9%。2011年，全国B2C销售规模排名前10位的企业中6家总部设在北京，全市网上商店零售额达到256.4亿元，同比增长100%左右。电子商务已成为北京市转变经济增长方式的重要内容，其发展方式有以下特点①：

1. 电子商务支撑体系不断完善

在安全认证方面，北京市拥有中国金融认证中心等六家获得电子认证服务许可的机构，数量位居全国第一。在物流服务方面，率先开展城市共同配送体系建设，重点打造"城市100—共同配送"项目，实现物流快递行业人员、网点等末端资源的高效整合。在电子支付方面，北京市已初步建立起跨行、跨区域的电子支付体系，电子支付应用的普及率位居全国前列。在信用服务方面，北京市培育创建了"信用中关村"等信用公共服务平台和机构。

2. 电子商务技术和模式创新步伐不断加快

北京市是全国下一代互联网示范工程的核心节点和全国三网融合试点城市，"无线城市"试点建设将为进一步夯实电子商务发展基础提供具有竞争力的应用环境支撑。北京市积极推进电子商务与云计算、物联网的技术应用，启动了以"祥云工程"为核心的国家云计算试点建设工程，物联网在城市网格化管理、视频监控、智能交通、食品溯源、水质检测等方面应用处于全国领先水平。

3. 龙头企业经营服务范围广泛

京东商城、当当网、亚马逊、乐友网等企业在北京市、上海市、成都市、武汉市、沈阳市、广州市等重点城市建立了分公司、地面零售店或大型物流中心，货到付款服务可覆盖全国32个地区（含港澳台）1000多个城市。敦煌网外贸交易平台服务国内外买家达500多万户。慧聪网交易平台覆盖工程机械、汽车配件、家居用品等70多个行业。

**二、天津市**

天津市电子商务快速发展，2012年首度跻身中国电子商务十强城市。2013

---

① 国务院新闻工作办公室. 北京市电子商务发展现状［EB/OL］. 2016 - 01 - 10, http：//www. scio. gov. cn/ztk/xwfb/96/10/Document/1216357/1216357. htm.

年全市居民人均通过互联网购买商品或服务支出 265 元,相比 2012 年增长 2.1
倍。网络已成为天津市居民购物的新渠道。为适应人民生活新需求,天津市大力
发展电子商务,18 家国内外知名电商落户天津市,初步形成了滨海高新区、空
港及武清区、宝坻区、和平区、河东区等多个电子商务产业集聚区。滨海高新区
电子商务产业园区被商务部批准为国家首批电子商务产业示范基地,易商通、易
特商城等一批优秀的本土电商企业快速成长,有三家电商企业被评为年度国家电
子商务示范企业。阿里巴巴、亚马逊、苏宁易购、当当网、唯品会等电商巨头的
区域性物流中心、结算中心落户天津市。中通、韵达、圆通、顺丰 4 家物流龙头
企业的华北区域总部完成注册,相继落户天津空港经济区。2013 年国内 B2C 在
线零售 40 强企业中,有 14 家来津投资发展。知名龙头电商企业的集聚,扩大了
天津市电子商务产业的影响力和知名度,带动了天津市电子商务产业快速发
展①。2015 年,天津市打造了全国首家线上线下深度融合的大型现代商贸物流
"电商城",已有 5000 余户商户入驻。

　　天津市力争继续保持电子商务快速发展势头,制订了推进电子商务发展三年
行动计划。总体目标是,到 2016 年把天津市建设成为交易规模大、集聚程度高、
支撑体系强、发展环境好,中国北方具有国际竞争力和区域辐射力的电子商务中
心城市。具体目标包括:全市电子商务交易总额突破 1 万亿元,网络零售额占社
会消费品零售总额的比例超过 10%。商贸企业电子商务应用普及率达到 70% 以
上。努力实施"千百十"工程,即打造五个年交易额超千亿元的电子商务交易
平台;培育和引进十家年交易额超百亿元的电子商务企业;扶持和发展一批年交
易额超十亿元的电子商务企业。大力发展具有天津特色的跨境贸易电子商务。进
一步完善以服务社会为宗旨,以满足支付需求为导向,银行业金融机构、支付机
构、支付清算组织等共同参与的支付体系服务主体多元化格局。建成与万亿元交
易规模相匹配的快递物流体系,创建"分拨、仓储和物流一体化"服务模式。
打造六家以上 5A 级物流企业。引进六家规模以上快递企业总部或区域总部。建
立能够促进电子商务健康、快速发展的网络基础设施、信息安全体系、信用管理
体系和交易监管体系②。

---

　　① 天津市现代服务业发展领导小组办公室. 2014 天津服务业发展报告 [M]. 天津:天津科学技术出
版社,2014.

　　② 李海燕,任悦. 到 2016 年天津将成为中国北方电子商务中心城市 [EB/OL]. 2016 - 01 - 10,ht-
tp://news.enorth.com.cn/system/2015/05/06/030208352.shtml.

### 三、河北省

电子商务是"信息传输、软件和信息技术服务业"门类中"数据处理和存储服务"小类下的一项具体服务。2012～2014年，河北省电子商务交易额分别达到5009亿元、7514亿元、10833亿元，年均递增47%。由于其拉动经济作用越来越大，成为国家重点发展的行业。河北省今后主要任务：一是建设和完善大型电子商务交易平台。能够支撑电子商务扩容要求，满足多家电商企业、多种商品上线交易。二是发展大宗产品和县域特色产业电子商务。对钢铁、海运煤炭、特色大宗农产品、化工产品等已上线的电子交易，不断完善功能，提高交易额和知名度。将丰富多样的特色产品通过电子商务推向全国，为特色产品特别是农产品建立标准，方便网上交易。三是发展跨境电子商务。积极争取作为国家跨境电商试点省份，建设电子口岸，实现数据共享，完善跨境支付系统，对于在国际上有竞争力、适宜跨境电商交易的箱包、羊绒制品、雕塑、童车、童装、剪纸、毛纺等商品，直接销往全球。四是引导农村发展网购企业，优化中小城市和农村电子商务仓储物流，规范发展快递业，尽早跻身全国前列[①]。

# 第三节　电信业

中国作为全球最大的通信市场，中国电信业在国民经济和社会发展中起着基础性、先导性和战略性的作用，电信业的持续健康发展对于促进国民经济的稳定发展、提高人民生活质量、改善社会福利和劳动环境等都具有不可替代的作用。作为信息服务业的重要组成部分，京津冀三地电信业的发展平稳，电信业务总量逐年增加，互联网及移动电话普及率等不断扩大，发展势头良好。

### 一、北京市

北京市电信行业保持了持续、快速、健康、有序的发展势头。与全国电信行

---

① 陈万钦."十三五"时期河北省应重点发展的服务行业及主要任务 [J]. 经济与管理，2015，9 (29)：80.

业的发展水平相比较，北京市的很多发展指标都远远高于全国的平均发展水平，固定电话普及率和移动电话普及率一直名列全国第一。北京市还以占全国 3% 的电话用户数创造了占全国 5% 以上的电信收入，成为中国电信行业发展的一大亮点。信息传输服务业发展呈现出电信业务收入稳步增长、网络通信能力持续增强、通信消费支出逐年增加、业务结构变化明显、业务发展日趋多元化等特点。如图 2-5 所示，2004~2010 年，北京市电信业务总量总体呈现平稳发展趋势。2009 年，电信业务总量接近 900 亿元，达到历史新高。2010 年后，由于统计口径调整造成业务总量数据有所下降，但 2011 年之后总的增长趋势没有发生改变，尤其在 2011~2012 年实现了快速增长。

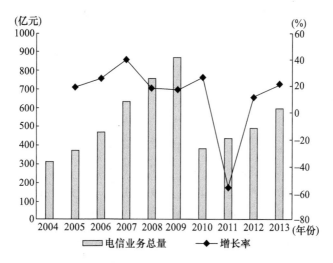

**图 2-5 北京市 2004~2013 年电信业务总量**

资料来源：2005~2014 年《北京统计年鉴》。

2014 年，电信业务总量达 594 亿元，比 2013 年增长 21.7%。其中，移动电话普及率达 159.5%，互联网宽带接入用户 534.7 万人，互联网上网人数为 1556 万人。互联网上网人数是衡量地区电信业发展程度的重要标志，从图 2-6 可以看出，北京市 2004~2013 年互联网上网人数显著增长，十年时间从最初的 400 万人到 1600 万人。其中，2006~2008 年增长尤为迅速，2008 年以后，增长势头有所缓和，但增长的大趋势没有发生根本改变。

**二、天津市**

2014 年全年邮电业务总量为 243.64 亿元，增长 10.48%。其中，电信业务总

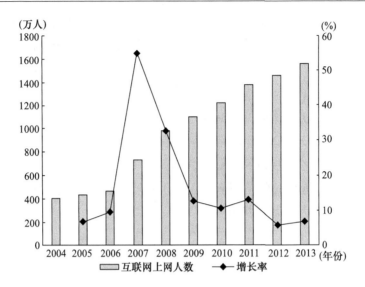

**图 2 - 6  北京市 2004 ~ 2013 年互联网上网人数及增长率**

资料来源：2005 ~ 2014 年《北京统计年鉴》。

量 207. 55 亿元，增长 19. 43% 。移动手机上网客户产生的总流量同比提升
106. 52% ，户均流量同比提升 92. 62% 。年末公网固定电话用户 360. 62 万户，
移动电话用户 1351. 79 万户，互联网用户 866 万户，增长 9. 21% 。其中宽带接入
用户 271. 88 万户，增长 12. 0% ，光纤接入用户 131. 22 万户，增长 44. 3% 。天津
联通公司加快推进基础网络设施建设。全年增设光纤接入端口达 51 万个，惠及
全市 865 个小区，光纤资源实现 293 万 FTTH 用户接入能力，城区用户覆盖率达
81% 。实施第三次光纤宽带网速免费提升，30 余万用户宽带上网速率跨越式提
升。中国电信天津分公司全年新开通各类基站 650 个，光纤到户量 74 万户。
2013 年 12 月，中国移动天津公司正式开始 4G 商用，实现 GSM/TD - SCDMA/
TD - LTE/WLAN 四网协同发展，网络质量全面提升①。从图 2 - 7 中可以看出，
天津市电信业整体发展程度虽弱于北京市，但总体发展趋势相似。2005 ~ 2009
年业务总量逐年增长，在 2009 年达到最高峰 350 亿元，之后出现短暂下滑现象，
但发展总趋势并未就此改变。从整体来看，仍呈现增长状态。

从图 2 - 8 中可以看出，2004 ~ 2012 年天津市城市居民通信消费价格指数整

---

① 天津市现代服务业发展领导小组办公室. 2013 天津服务业发展报告［M］. 天津：天津科学技术
出版社，2013.

体平稳，维持在 95 左右。从 2013 年起情况有所改变，2013 年全市居民通信支出人均 1115 元，同比增长 3.4%。同期，城市居民通信消费价格指数为 100。2014年这一趋势继续保持，且有小幅增长。

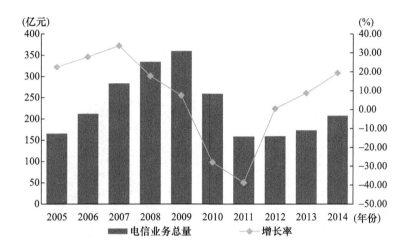

**图 2 - 7　天津市 2005～2014 年电信业务总量及其增长率**

注：2010 年数据缺失，取前后两年平均值得出。

资料来源：2006～2015 年《天津市国民经济和社会发展统计公报》。

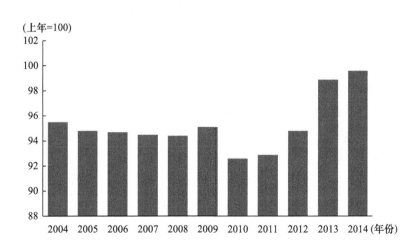

**图 2 - 8　天津市 2004～2014 年城市居民通信消费价格指数**

资料来源：2005～2015 年《天津统计年鉴》。

从图2－9中可以看出，2004～2010年，农村居民人均交通通信支出为300元左右，保持平稳的增长率。2011年农村居民人均交通通信支出增长速度较快，达到750元左右。2013年和2014年人均交通通信支出达到1700元左右。总体来看，2004～2010年，农村居民人均交通通信支出一直保持平稳增长状态，2010年后增长较快，2014年人均交通通信支出较2013年没有变化。

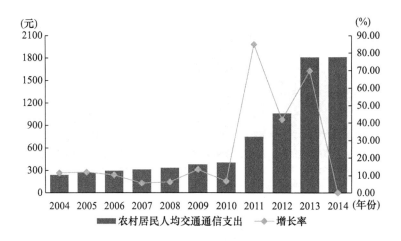

**图2－9　天津市2004～2014年农村居民人均交通通信支出及增长率**

资料来源：2005～2015年《天津统计年鉴》。

从图2－10可以看出，2004～2012年，城市居民家庭平均每百户家用电脑年末拥有量一直呈增长状态，但2013年小幅度下降，2014年虽然有所上升但还是没有达到2012年的数量。2007～2014年，城市居民家庭平均每百户固定电话年末拥有量一直呈下降趋势。2004～2012年城市居民家庭平均每百户移动电话年末拥有量一直呈增长趋势，2013～2014年数量趋于平缓，达到200部左右。

### 三、河北省

在国家层面，发展环境进一步优化。2011年1月，国务院印发了《进一步鼓励软件产业和集成电路产业发展的若干政策》，从财税、投融资等七个方面提出了优惠政策，支持力度进一步加大。同时，国家"十二五"规划纲要把首都经济圈和河北沿海地区发展上升为国家战略，突出了区域协调发展。从河北省内来讲，省委、省政府高度重视软件与信息服务业等新兴产业发展，先后出台了

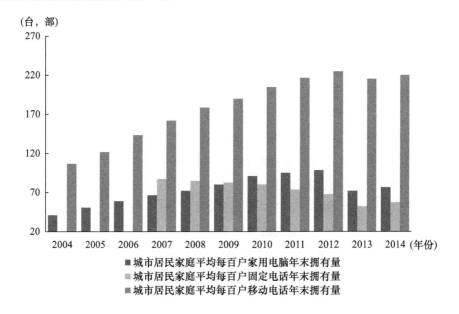

（台，部）

■ 城市居民家庭平均每百户家用电脑年末拥有量
■ 城市居民家庭平均每百户固定电话年末拥有量
■ 城市居民家庭平均每百户移动电话年末拥有量

**图 2 – 10　天津市 2004 ～ 2014 年城市居民家庭平均每百户家用电脑、**
**固定电话、移动电话年末拥有量**

资料来源：2005 ～ 2015 年《天津统计年鉴》。

《关于加快工业聚集区发展的若干意见》、《关于加快河北省环首都经济圈产业发展的实施意见》、《关于加快物联网产业发展的意见》等一系列政策文件，提出了环首都新兴产业示范区开发建设的总体构想，产业聚集趋势逐步显现，为河北省软件与信息服务业发展提供了广阔的空间。

电信运营商加速转型发展。在信息技术创新和模式创新的推动下，行业间融合成为电信业未来发展的主导趋势。激烈的市场竞争促使传统运营商，加快向综合信息服务提供商转型发展，着力推进结构调整、技术业务创新、市场监管、信息技术推广应用，增值电信服务水平将成为衡量电信企业运营质量的重要标准。加快信息网络演进升级，推进信息网络宽带化进程，加强 3G 网络和无线城市建设。面向宽带互联网、移动通信网、广播电视网双向改造和"三网融合"发展的需求，加强通信基础设施覆盖和延伸工作，推动农村信息化应用，积极创新农村信息服务。重点开展电信、广电业务双向进入，大力发展融合业务。完善农村地区的"信息通"设施，增强公众通信网络的信息安全，提高应急通信保障能力。大力推进主机托管、数据加工与处理、内容服务、呼叫中心、容灾备份等外包服务。这标志着河北省的电信行业在促进全省信息化建设方面又迈上了一个新台阶。从图2-11可知，2004~2010年，河北省电信业务总量每年呈递增趋势，从2005年的430.80亿元增长到2010年的1320.70亿元，保持了年均25.44%的高增长速度。然而，与电信业务的总量、规模和信息服务业发展突出的地区，如江苏省和广东省同期相比，略显不足。2005~2009年，江苏省电信业务总量的年均增长速度达到了25.39%。2009年，苏、粤两省的电信业务总量分别为1658.5亿元和3847.3亿元，分别高于河北省同期水平44.31%和234.75%。

2005~2009年河北省的移动电话用户从1785.5万户增长到3783.2万户，年均增速为20.65%；到2014年底，河北省的移动电话用户数增至6229.1万户，较2009年增长了64.48%。从电话普及率来分析。2009年，河北省移动电话普及率为54.1%，2013年移动电话年末用户数为6006.2万户，到2014年这一数字达到6229.1万户。北京市固定电话普及率达52.7%，高出河北省33.5个百分点。可见，移动电话和固话普及率与北京市相比仍存在较大差距，河北省电话普及率并不算高。从以上分析可以得出，2005~2014年，河北省电信业取得了长足发展，增速较为明显。然而，与信息服务业发达地区相比，其电信业的规模与增速都尚处于相对落后的状态。

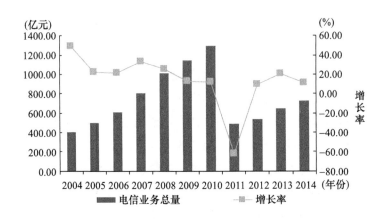

图2-11 天津市 2004~2014 年电信业务总量及增长率

资料来源：2005~2015年《河北统计年鉴》。

根据河北省信息产业的有关规划，2015年河北省电信业务收入达564.1亿元，其占GDP的比重在1.7%左右。省内电话用户总数达到8100万户，电话普及率达 111.4 部/百人。其中，移动电话用户数达到 7000 万户，普及率 95 部/百人。"十二五"期间，河北省电信行业重点完成以下七项任务：提升全省的信息化服务水平，加强 3G 网络与无线城市建设，实质性推动三网融合，尤其是开展电信、广电业务的双向进入，使创新业务全面普及；推进农村信息化推广和应用；完善市场监管，以确保市场竞争秩序的可管可控；提升通信资源利用效率，促进企业的节能减排降耗；加强网络和信息安全，提高应急通信的保障能力；数据库的规模、结构、容量、质量不断提高，内容涉及国民经济的各个领域，众多的信息咨询机构不断涌现，积极开展有偿信息服务，并把信息产品推向市场；电信增值业务领域不断拓展[①]。

# 第四节　大数据互联服务

随着信息技术的发展，信息技术与经济社会的交汇融合引发了数据迅猛增长，数据已成为国家基础性战略资源。坚持创新驱动发展，加快大数据部署，深化大数据应用，已成为稳增长、促改革、调结构、惠民生和推动政府治理能力现代化的内在需要和必然选择。云计算、大数据等新兴技术能够有力推进云服务、催生数据服务、创新软件产业，在新常态经济下为信息服务行业的创新发展注入新的活力，当然这也需要产业各方开放、协同，建设合作共赢生态圈，携手推动软件服务产业创新发展。

## 一、北京市

信息技术增值服务是指利用信息系统为客户提供的附加信息技术服务。包括数据处理服务、软件运营服务、容灾服务、物流管理服务平台、电子商务管理、在线娱乐平台、在线教育平台等内容。2011 年，北京信息技术增值服务收入 715.3 亿元，同比增长 36.8%，同 2010 年一样保持了 35% 以上的增速，在各个细分领域保持第一，展现了信息技术增值服务的巨大发展前景。其中，数字内容加工整理、在线娱乐平台、数据处理服务是主要的业务构成，2010 年业务收入

① 王振宇，石宝军. 河北省现代信息服务业发展对策［J］. 社会科学论坛. 2008（3）.

分别占24%、23%、19%。2010年北京信息技术增值服务行业平均利润率达到25.7%，远高于北京市软件和信息服务业其他细分领域[①]。在所有业务中，与互联网相关的服务内容是这一业务领域迅猛发展的最重要推动力。互联网服务业在信息内容产业中扮演着非常重要的角色。随着互联网服务业的不断发展，互联网为人们获取信息、从事经济活动和政务活动提供了极大的便利，利用互联网比较容易建立起低成本、高效益的自助化、跨区域信息服务平台，服务业开始逐渐向互联网延伸。

截止到2013年，北京地区网民规模约1556万人，互联网普及率75.2%[②]。网民群体的不断扩大和电子商务、在线娱乐、在线教育、搜索引擎等互联网服务项目的快速发展，不仅带动了北京市软件和信息服务业的快速发展，更深刻改变了人们的行为习惯，为行业发展注入源源不断的动力。网络应用娱乐化现象凸显，2010年上半年，各类网络应用的用户规模持续扩大。网络娱乐应用继续发展，网络应用使用率的前七位依次是网络音乐、网络新闻、搜索引擎、即时通信、网络游戏、网络视频和电子邮件，可见互联网娱乐功能已成为拉动网民快速增长的因素之一。

### 二、天津市

通过加快攻关一批核心技术，组织一批技术集成示范应用项目，加快引进一批创新能力强、带动能力强的龙头企业，推进软件、集成电路等高端产业的发展，争取大数据、移动互联网、物联网等领域的自主创新能力居全国前列，全面提升天津市电子信息产业整体竞争力。2014年电子信息领域共有21个项目完成研究，验收结题。主要成果与成效可以从以下几个方面进行说明：

第一，天津市在大数据、云计算、集成电路等领域进行重点布局，已在重大产品和重点应用示范领域取得突破，自主创新能力大幅提升。首先，大数据技术产品研制取得重大突破。曙光公司在研发中心专门设立大数据事业部，组建120余人的技术团队，目前已在EB级存储、海量大数据处理等核心技术上获得专利数百项。公司研制出XData大数据处理一体机，以及基于Hadoop和XData的数据处理管理系统，已成功应用于新华社全球大数据平台、中国银联交易平台、河

---

① 李穆南. 北京软件和信息服务业发展模式研究［D］. 北京：首都经济贸易大学硕士学位论文，2012.

② 《北京市统计年鉴》（2014）。

南移动大数据经营分析等项目，每天处理数据达到 200TB 至 2PB。XData 系列产品直接销售额近 8000 万元，带动曙光高性能计算机、服务器等产品销售额超过 5 亿元。其次，通用数据库产品技术达到世界主流产品水平。南大通用开发出首款面向大数据领域的国产新型 NewSQL 数据库产品（GBase 8a MPP Cluster），实现数据分析速度比传统数据库快 10～100 倍，产品能支撑 200PB 以上结构化和非结构化数据的统一存储和管理能力，日数据分析能力达 200TB 以上。在中移动集团数据仓库产品选型测试中，该款数据库是唯一入围的国产产品，在与 Oracle、IBM 等 7 大世界级厂商同台竞技中，同 HP、EMC 获并列第一的成绩。该款产品年均销售收入超过 3000 万元。再次，展讯通信（天津）有限公司 28nm 的多核智能手机核心芯片技术达到国际先进水平。展讯通信（天津）有限公司的"基于 28nm 设计工艺的支持 TD－SCDMA 的多核智能手机核心芯片研发和产业化"项目推出的 28nm 的多核智能手机核心芯片，通过专家组验收和鉴定，标志着该公司从 40nm 市场主流工艺向国际先进的 28nm 工艺全线升级迈进了重要一步，对引领我国手机智能终端技术与产业的发展具有重要意义。2013 年，展讯通信产值达到 31 亿元。最后，恒银金融存取款一体机产品填补国内空白。恒银金融自主研发的基于国密算法的存取款一体机产品是最具增长潜力的国产 ATM 品牌，位居中国 ATM 市场销售三甲。近两年，产品销售年均增长率超过 200%，产品细分行业排名全球第 6。该品牌产品支持 SM2/SM3/SM4 密码算法，其循环机芯等核心模块，打破国外公司在这一技术领域的垄断，不仅可以提供低成本高可靠性的存取款一体机核心模块，而且拥有完全自主的知识产权，填补我国在金融自主终端行业核心技术的空白，摆脱我国一直以来依靠引进外国核心模块的局面，为我国实现金融自助终端完全国产化奠定坚实的基础。该产品已实现销售收入 4.5 亿元。

第二，信息化和网络化带动产品的产业化推广，产品应用覆盖众多民生领域。首先，互联网企业商业模式不断创新，经营服务水平不断提升。58 同城信息技术有限公司位于滨海新区，注册资本 3 亿元，截至目前，在天津已拥有 1000 人的团队，在分布式计算、移动存储、数据挖掘处理等核心技术方面申请发明专利 46 项。公司具备强大的资金保障和融资能力，2013 年 10 月在美国纽交所成功上市，成为生活服务领域的全球第一家上市企业和天津市第一家上市的互联网企业，首日融资 2 亿美元，市值已超过 50 亿美元。其次，网络化推进公共安防技术变革，安防基地建设稳步推进。天地伟业智慧城市公共安全技术防范系统品牌影响力位居国内行业三甲，多年来保持销售额和利润40%的平均增长率，是全国同行业内最先获得"中国驰名商标"的企业。产品和行业解决方案先后应用于全国400个智慧城市和北京天安门、上海世博会、巴西世界杯等大型工程项目及监控系统建设中。其中高清智能分析交通监控系统打破国外智能交通系统（ITS）在国内市场的垄断，及时弥补了国内缺少智能交通综合系统的空白。最后，中星电子SVAC国家标准安防监控系列产品实现产业化。中星电子作为安防监控领域SVAC国家标准的牵头制定单位，陆续推出了支持SVAC国家标准的视频监控SoC芯片和准星光级低照度高清监控摄像机等安防监控系列产品，完善了SVAC国家标准安防监控物联网领域从算法、芯片、整机、平台到系统工程的技术产品应用体系，并达到了国际领先水平。启动并承担了国家战略项目"星光中国芯工程"，彻底结束"中国无芯"历史。在公安部和工信部的倡导下，中星微电子作为组长单位参与制定了安防监控行业国家标准《安全防范监控数字视音频编解码（SVAC）技术要求》。

第三，加快创新体系及软环境建设稳步推进。首先，"天河一号"超级计算服务平台服务能力和范围进一步扩展。国家超级计算天津中心装备有曾于2010年获得世界超级计算机TOP500第一名的"天河一号"超级计算机。天津超算中心拥有包括政府特殊津贴专家等各类人才近60人。基于"天河一号"超级计算机的天津超算中心是我国目前应用范围最广、综合技术支持与研发能力最强的国家级超算中心。包括中海油、华大基因、中国气象局、清华大学、国家动漫产业园等用户600余家，为重点企业创造了过亿元的经济效益，每年科技服务收入达到3000万元，辐射经济规模达到数十亿元。其次，"信息安全技术检测与服务平台"吸引国家级项目落户天津。信息安全专项于2012年设立，组建了信息安全技术检测与服务平台，项目主要载体——天津滨海信息安全产业园分三期开发，目前，一期已封顶，将于近期完成装修投入使用。已引入飞腾CPU研发与产业化项目、国产高性能微处理器研发中心、北斗卫星导航技术应用级产业化项目等一批国家级项目。

2014年天津电子信息领域取得了重要成果，如表2-1所示，2014年发表论文达240篇，申请专利共239件，授权专利有72件，其中，在研项目中，发表论文93篇，申请专利达102件，授权专利也有34件，在结题项目中，发表论文147篇，申请专利达137件，授权专利有38件。由此可见，天津市2014年电子信息领域取得了明显的成果。

表 2-1　天津市 2014 年电子信息领域取得的主要成果　单位：篇，件

| 类别 | 发表论文 | 申请专利 | 授权专利 |
|------|---------|---------|---------|
| 在研项目 | 93 | 102 | 34 |
| 结题项目 | 147 | 137 | 38 |
| 合计 | 240 | 239 | 72 |

资料来源：《天津市科技计划年度执行报告（2015）》。

### 三、河北省

河北省信息内容服务业发展步伐加快。信息技术的快速发展，为深度开发和广泛利用信息资源创造了前所未有的条件。宽带互联网、移动互联网和数字化广播电视网业务的相互融合，使信息内容服务成为信息服务业的重要领域。数据外包服务已形成国际趋势。随着软件与信息服务外包产业的快速发展，软件服务、软件外包、数据加工处理、数据存储与备份等市场规模不断扩大，政府机构，大型科研机构及电信、金融、保险、证券等大企业集团对数据服务要求不断提升，数据产业在今后一个时期将成为新一轮竞争的热点。云计算、物联网等新技术的研发应用，将催生出云计算产业、物联网服务业等新兴业态，加快推动新的产业布局，区域间、国际的竞争与合作并存，特别是京津冀地区软件与信息服务业将呈现错位发展、融合发展的态势。

大数据产业是"信息传输、软件和信息技术服务业"中的一个行业种类，国内外都刚刚起步，但发展前景广阔，它对教育、交通、零售、能源、医疗、金融等有带动效应，特别是先收集分析需求数据、再组织生产，能有效改善制造业供需平衡，提高整个社会的精准化程度。我国从 2012 年开始支持大数据项目，北京市、上海市、陕西省、广东省、贵阳市、成都市等地着手发展大数据产业，百度、阿里巴巴、腾讯等互联网龙头企业已经开发应用大数据产业。河北省秦皇岛市提出发展数据产业和建设中国"数谷"，目前拥有 40 余家数据企业。发展大数据产业当前的主要任务：第一，明确省工信部门主抓大数据产业，委托中国电信或联通公司对河北省大数据产业作规划设计，为政府推动工作画出路线图。第二，开展基础建设，吸引国家一批金融机构、运营公司等在河北省建立数据中心和服务中心，引导河北省相关系统和企业完善软硬件设备并与数据中心建立合作关系。第三，开展大数据应用试点，通过在商品消费、企业生产、旅游、公共卫

生、科学教育、交通运输等领域的试点单位，做好数据收集和开发应用，使相关企业从分析大数据中获得效益。第四，引导企业利用大数据挖掘市场需求，利用网购平台，提供商品服务用户数、好评率、商家销售史等数据，既引导消费者消费，也引导产品设计生产、服务和管理模式创新，提高企业效益。第五，选择高校信息专业开办大数据技术课程，加强人才培养，为下一步全省应用大数据提供人才保证。

<h1 style="text-align:center">第五节　新兴业态</h1>

伴随信息通信技术的迅速发展和应用的不断深化，软件与网络深度耦合，软件与硬件、应用和服务紧密融合，软件和信息技术服务业加快向网络化、服务化、体系化和融合化方向演进。产业技术创新加速，商业模式变革方兴未艾，新兴应用层出不穷，将推动产业融合发展和转型升级，与此同时，也加速了新兴业态的产生和发展。

## 一、北京市

近几年，北京市云计算、北斗导航、大数据等战略新兴产业发展迅速。2014年云计算产业营业收入约 295 亿元，同比增长 37.2%。北京健康云服务平台、桌面云平台、中关村创新云平台正式发布。云计算产业园迈入京津冀协同共建新阶段。2014 年北京导航与位置服务产业企业实现收入约 136 亿元，同比增长19.3%。北京市成为全国北斗应用最广泛、终端推广量最大的城市。北斗产业公共服务平台已有在线用户 20 万户。北京市已具备良好的发展大数据的生态环境基础，围绕大数据产业链的四个关键环节即数据中心、大数据工具、大数据平台和数据创新服务，拥有大量的关键核心技术和产品。截至目前，北京市大数据公司超过 107 家，经登记的软件产品已达到 213 个，实现直接营业收入 299 亿元，相关营业收入 515 亿元①。

---

① 北京软件和信息服务业协会. 北京软件和信息服务产业发展报告 2014 ［R］. 2015.

## 二、天津市

2013 年 5 月，天津市文化科技融合公共服务平台启动，旨在促进文化与科技融合。通过搭建企业孵化、金融服务、技术服务、展示推广、文化交流五大平台，孵化、催化一批创意水平高、技术含量高、市场潜力大的文化产业项目，聚集、扶植符合国家及区域产业发展方向的文化企业，培育新的经济增长点。2013 年，与信息服务产业相关的文化科技融合创意、数字化公共服务等新兴信息服务企业实现增加值 3.74 亿元，增速达到 42%，总收入达 7.57 亿元，增速达 105%，实现翻倍增长。其中文化科技融合创意企业实现增加值 3.53 亿元，同比增长 32%，营业收入达 7.32 亿元，天津魔幻动力科技有限责任公司、乐视致新电子科技（天津）有限公司、天津网络广播电视台有限公司位列前三。数字化公共服务实现增加值 2100 万元，同比增长 21%，营业收入达 2500 万元，代表企业为天津市公用基础设施建设公司。

# 第 三 章

## 京津冀信息服务业重点项目

京津冀关联由来已久，如今京津冀协同发展已上升为一项重大的国家发展战略，需要与新常态结合起来考虑。在协同发展战略背景下，发展信息服务业要按照市场规律来调控，就需要合理分工、突出特色，各自发挥专长，合作共赢，要互补，不要碰撞，在相互合作中形成协调发展的良性循环。编制实施好京津冀"十三五"规划，通过科学合理的总体布局，努力推动三地"一张图"规划、"一盘棋"建设、"一体化"发展。引导产业企业与高校、科研机构结成产业联盟，重点支持一批产业关键技术和共性技术的重大攻关项目，努力壮大现代信息服务业规模。京津冀三地协调发展要有统一的观点去规划、去统筹。三地共同营造一个大市场，要建造这样的大市场就需要打破地区间、行业间的壁垒，让资源、市场真正融合在一起。

## 第一节　北京科技园与产业聚集区

科技带动产业发展，北京市作为京津冀信息服务业协同发展的领头羊，率先建立了以中关村为中心的科技园区。中关村科技园区作为北京市乃至中国的科技示范园区，已经形成一区多园的空间格局，为京津冀信息服务业重点科技园区的建设树立了典范。

### 一、北京市中关村科技园区

中关村科技园区，起源于 20 世纪 80 年代初的"中关村电子一条街"，1988

年5月经国务院批准建立了中国第一个国家级高新技术产业开发区。中关村科技园区管理委员会作为市政府派出机构对园区实行统一领导和管理。中关村科技园区覆盖了北京市科技、智力、人才和信息资源最密集的区域，园区内有清华大学、北京大学等高等院校39所，在校大学生约40万人，中国科学院为代表的各级各类的科研机构213家，其中国家工程中心41个，重点实验室42个，国家级企业技术中心10家①。

1. 中关村科技园区总体概况

（1）科技园区建设。中关村经过20多年的发展建设，已经聚集以联想、百度为代表的高新技术企业近2万家，形成了下一代互联网、移动互联网和新一代移动通信、卫星应用、生物和健康、节能环保、轨道交通六大优势产业集群。集成电路、新材料、高端装备与通用航空、新能源和新能源汽车四大潜力产业集群和高端发展的现代服务业，构建了"一区多园"各具特色的发展格局，成为首都跨行政区的高端产业功能区。中关村是我国科教智力和人才资源最为密集的区域，拥有以北京大学、清华大学为代表的高等院校40多所，以中国科学院、中国工程院所属院所为代表的国家（市）科研院所206所。拥有国家级重点实验室112个，国家工程研究中心38个，国家工程技术研究中心（含分中心）57个，大学科技园26家，留学人员创业园34家。中关村是中央人才工作协调小组首批授予的"海外高层次人才创新创业基地"。留学归国创业人才1.8万人，累计创办企业超过6000家，是国内留学归国人员创办企业数量最多的地区。目前，中关村共有中央"千人计划"人才874人，占全市近八成。"北京海外人才聚集工程"的368名人才，占全市七成以上。"高聚工程"共有158名高端人才及其团队入选。成长出以联想的柳传志、百度的李彦宏、博奥生物的程京、中星微电子的邓中翰、科兴生物的尹卫东、碧水源的文剑平、神雾热能的吴道洪等为代表的一批国内外有影响的新老企业家。2011年3月，中组部、国家发改委等15个中央部门和北京市联合印发了《关于中关村国家自主创新示范区建设人才特区的若干意见》，中关村加快建设人才特区。

中关村每年发生的创业投资案例和投资金额均占全国的1/3左右。截至2014年，上市公司总数达到254家。其中，境内156家，境外98家，中关村上市公司总市值达到30804亿元。2012年8月，国家发改委等九部委和北京市联合发布

---

① 百度百科，http://baike.baidu.com/view/778286.htm.

了《关于中关村国家自主创新示范区建设国家科技金融创新中心的意见》，中关村将进一步建立并完善政府资金与社会资金、产业资本与金融资本、直接融资与间接融资有机结合的科技金融创新体系，加快国家科技金融创新中心建设。中关村围绕国家战略需求和北京市社会经济发展需要，取得了大量的关键技术突破和创新成果，涌现出汉卡、汉字激光照排、超级计算机、非典和人用禽流感疫苗等一大批重大科技创新成果，为航天、三峡工程和青藏铁路等国家重大建设项目实施提供了强有力的支撑。中关村企业获得国家科技进步一等奖超过50项，承接的"863项目"占全国的1/4，"973项目"占全国的1/3；创制了 TD－SCDMA、McWill、闪联等86项重要国际标准，798项国家、地方和行业标准；中关村技术交易额达到全国的1/3以上，其中80%以上输出到北京以外地区。2013年中关村示范区实现总收入超过3.05万亿元，同比增长20%以上；高新技术企业增加值超过4100亿元，占北京市 GDP 比重超过20%；企业实缴税费1506.6亿元；企业利润总额达2265亿元，同比增长26.6%；实现出口336亿美元，同比增长28.5%，约占全市出口总额四成；企业科技活动经费支出1165亿元，同比增长27%。

中关村目前"一区多园"的空间格局包括海淀园、昌平园、顺义园、大兴—亦庄园、房山园、通州园、东城园、西城园、朝阳园、丰台园、石景山园、门头沟园、平谷园、怀柔园、密云园、延庆园，共十六个园区。"十二五"期间，中关村将继续完善"一区多园"各具特色的发展格局，重点建设"两城两带"，即中关村科学城、未来科技城和由海淀北部、昌平南部和顺义部分地区构成的北部研发服务和高技术产业带，以及由北京经济技术开发区、大兴和通州、房山的部分地区构成的南部高技术制造业和战略性新兴产业带，促进高端产业集群发展①。面向未来，中关村示范区将秉承面向世界、辐射全国、创新示范、引领未来的宗旨，坚持"深化改革先行区、开放创新引领区、高端要素聚合区、创新创业集聚地、战略产业策源地"的战略定位，服务于首都世界城市的建设，力争到2020年建成具有全球影响力的科技创新中心。

（2）经济规模与效益。2008年以来，中关村产业发展指数呈现较快增长态势，2013年达到206.4，比2012年上涨31.7个点。从分项指数来看，产业规模

---

① 中关村国家自主创新示范区．示范区介绍［EB/OL］，2016－01－10，http：//www.zgc.gov.cn/sfqgk/56261.htm.

指数快速增至 303.0，比 2012 年大幅上涨 67.8 个点。产业规模加速增长，对首都经济增长贡献超 1/3。如图 3-1 所示，2013 年，中关村实现产业规模增加值 4227.7 亿元，同比增长 15.9%，对全市经济增长的贡献率达 35.8%；占全市地区生产总值的比重达 21.7%，比 2012 年提高 1.3 个百分点。2013 年，中关村实现总收入 3.05 万亿元，年均复合增长率达 24.4%。从全国高新区发展情况看，中关村总收入占 115 个国家级高新区总收入的比重增至 15.3%，总收入规模超过列 2~5 位的高新区总收入之和。如图 3-2 所示，2001~2013 年中关村总收入呈增长趋势，2007~2013 年增幅较大，且在 2013 年达到 30497.4 亿元，发展态势良好。

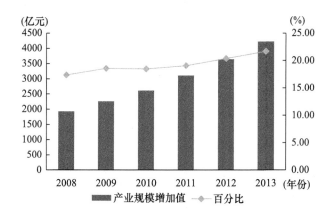

**图 3-1 中关村 2008~2013 年产业规模增加值及其占北京市经济增长比重**

资料来源：2009~2014 年《北京市统计年鉴》。

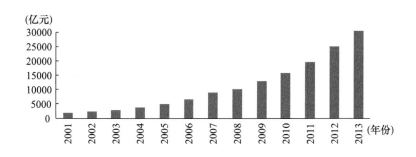

**图 3-2 中关村 2001~2013 年总收入**

资料来源：2002~2014 年《北京统计年鉴》。

人均产出效益持续提高，单位产出生产资料消耗低。如图 3-3 所示，2013 年，中关村从业人员人均实现总收入 160.6 万元，较 2012 年提高 2.8 万元，高于全国高新区平均水平 23.9 万元。

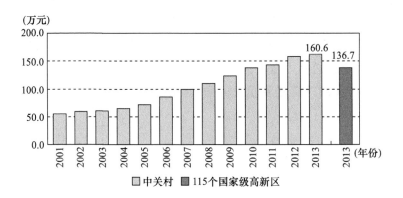

图 3-3　中关村 2001~2013 年人均总收入情况

资料来源：2002~2014 年《北京统计年鉴》

如图 3-4 所示，2013 年中关村人均净利润 10.0 万元，比全国高新区高 1.5 万元；人均税收 7.9 万元，比全国高新区高 0.3 万元。总体来说，中关村单位产出对人员、土地等生产资料的消耗低于全市水平，2013 年中关村亿元收入需要从业人员 62 人，约是全市平均水平的 2/3；亿元增加值需要从业人员 449 人，是全市平均水平的 3/4[①]。

战略性新兴产业集群日益壮大，现代服务业支撑示范区创新发展。中关村"六大优势产业"和"四大潜力产业"继续保持良好发展态势，整体实力不断增强。2013 年，"6+4"战略性新兴产业集群实现总收入 19820.2 亿元，同比增长 17.0%，占中关村总收入的 65%；实现利润 1454 亿元，同比增长 16.2%；六大优势产业集群中，除卫星应用集群规模较小外，其余五大产业集群的收入规模均超过千亿（见表 3-1）。

---

① 中关村管委会. 中关村指数 2014 分析报告 ［EB/OL］. 2015-01-30，http://www.zgc.gov.cn/fzbg/sjbg/96920.htm.

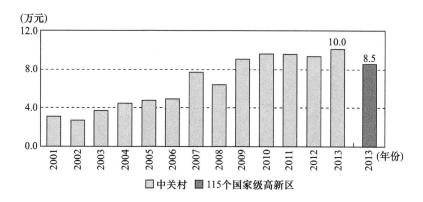

**图 3 - 4 中关村 2001 ~ 2013 年人均净利润情况**

资料来源:《中关村指数 2014 分析报告》。

**表 3 - 1 中关村 2013 年 "641" 战略性新兴产业集群总收入** 单位:亿元

| 六大优势集群 | 下一代互联网 | 移动互联网和新一代移动通信 | 卫星应用 | 生物和健康 | 节能环保 | 轨道交通 |
|---|---|---|---|---|---|---|
| 总收入 | 2821.3 | 4355.7 | 307.9 | 1649.5 | 2562.9 | 1325.8 |
| 四大潜力集群 | 集成电路 | 新材料 | 新能源和新能源汽车 | 高端装备与通用航空 | | |
| 总收入 | 532.8 | 2666.1 | 1378 | 2220.3 | | |

注:六大优势产业和四大潜力产业集群为 "中关村战略性新兴产业引领工程" 重点支持领域,2013 年与 2012 年企业统计范围不同。

资料来源:《中关村指数 2014 分析报告》。

以科学研究和技术服务、租赁和商务服务业等为代表的现代服务业对中关村支撑作用明显,2013 年,中关村现代服务业实现收入 19787.2 亿元,占中关村总收入六成以上,同比增长 18.8%,对中关村经济增长的贡献率为 57.2% (见图 3 - 5)。

根据 2015 年 1 ~ 10 月规模以上企业统计数据,示范区实现总收入 28365.6 亿元,同比增长 10.3%;工业总产值 7115.3 亿元,占全市的 50.4%;期末从业人员 188.6 万人,同比增长 9.6%;实缴税费 1597.2 亿元,同比增长 8.8%;利润总额 2294.3 亿元,同比增长 18.8%;出口总额 224.1 亿美元,同比下降 12.4%;科技活动经费内部支出 958.6 亿元,同比增长 19.7%;科技活动人员 53.2

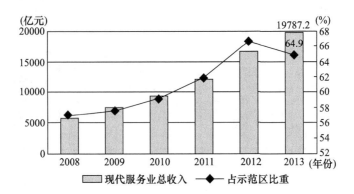

**图 3 - 5　中关村 2008～2013 年现代服务业总收入及占中关村总体比重**

资料来源：《中关村指数 2014 分析报告》。

万人，同比增长 20.6%，占从业人员的 28.2%。2015 年 1～10 月，中关村示范区企业申请专利 39322 件，同比增长 20.9%，占同期全市专利申请量的 33.4%。其中发明专利申请量达到 24270 件，同比增长 25.8%，在示范区企业专利申请量中占比 61.7%。同期，示范区企业获得专利授权 25573 件，同比增长 37.1%，占全市专利授权量的 32.2%。其中发明专利授权量 9868 件，同比增长 56.6%，在示范区企业专利授权量中占比 38.6%。截至 2015 年 10 月底，示范区企业拥有有效发明专利 44393 件，占北京市企业同期有效发明专利量的 62.8%[①]。

（3）对京津冀地区的带动效应。2013 年中关村辐射带动指数延续了前几年的强劲增长趋势，快速攀升至 206.4，比 2012 年上涨 31.7 点（见图 3 -6）。从辐射带动的分项指数看，中关村技术辐射指数大幅提高至 252.8，比 2012 年上涨 105.4 点。

对外辐射效能更加显著。2013 年，技术交易幅度和广度进一步增大，中关村流向外省市技术合同 25030 项，成交额达 1464.1 亿元，同比增长 1.4 倍，占中关村技术交易额近 6 成（见图 3 -7）。从技术流向看，与中西部、南部地区技术交易增长显著，其中福建省、广西壮族自治区技术成交额分别达 302.2 亿元和 108.5 亿元，较 2012 年分别增长 21.7 倍和 12.1 倍，跃居中关村技术成交额前两位；与津冀地区的技术交易不断活跃，2013 年中关村流向津冀地区的技术

---

① 中关村管委会. 中关村指数 2014 分析报告［EB/OL］. 2015 - 01 - 30，http：//www. zgc. gov. cn/fzbg/sjbg/96920. htm.

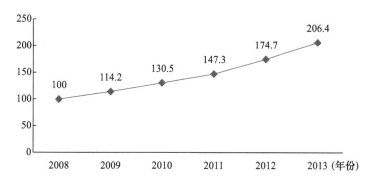

**图 3 - 6 中关村 2008 ~ 2013 年辐射带动指数**

资料来源:《中关村指数 2014 分析报告》。

合同 2444 项,较 2012 年增加 715 项,成交额达 64.6 亿元,同比增长 36.6%。从技术领域看,现代交通领域成为第一大技术交易领域,成交额高达 522.8 亿元,是 2012 年的 3.1 倍;核应用技术交易实现爆炸式增长,技术成交额达 316.2 亿元,而 2012 年成交额仅为 0.3 亿元,超越电子信息成为第二大技术交易领域(见图 3 - 8)。

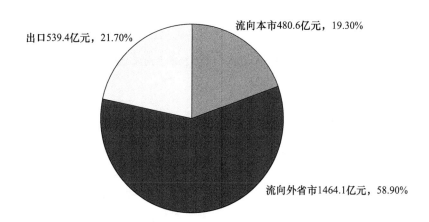

**图 3 - 7 中关村 2013 年输出技术合同成交额流向**

资料来源:《中关村指数 2014 分析报告》。

企业京外布局节奏加快。2013 年,中关村企业设立京外分支机构达 8629 家,较 2012 年增加 328 家。其中,在津、冀两地设立分支机构的总部型企业有 341

家，分支机构数分别为 178 家和 209 家。同时，中关村企业并购京外企业 72 起，
较 2012 年增加 28 起。其中，信息技术领域是并购最频繁、并购金额最大的领
域，并购总额达 267 亿元，占京外并购总额的比重超过 2/3，平均每起并购金额
超过 9 亿元。随着中关村企业在京外的不断拓展和市场布局，企业对外辐射收入
也不断扩张。以上市企业为例，2013 年中关村 208 家上市公司（不包含退市、
停牌及过会未发行 22 家企业）合并报表营业收入达 1.4 万亿元，其中对外辐射
收入超过 1 万亿元，占上市公司合并报表总收入近 3/4。

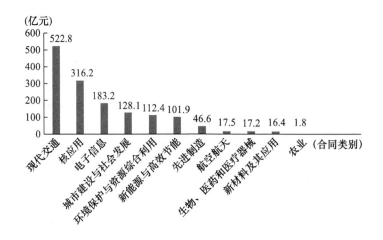

**图 3 – 8　中关村 2013 年流向外省市技术合同成交额领域分布**

资料来源:《中关村指数 2014 分析报告》。

　　对外辐射模式更加多元，如图 3 – 9 所示。跨区域共建园区逐渐成为中关村
推进异地合作的首选模式，参与跨区域共建的主体更加多元。截至 2014 年上半
年，中关村已经与全国 21 个省（含香港）的 54 个地区建立了战略合作关系，覆
盖京津冀、长三角、珠三角、东北老工业基地、中西部及重点援建区域。其中，
2013 年新增 27 个地区，2014 年上半年新增 4 个地区。另外，中关村产业技术联
盟的辐射带动作用逐渐加大。截至 2013 年底，由中关村企业发起或主导的产业
联盟累计达到 156 家，其中一半左右的联盟吸纳了京外地区成员，有力地促进了
各地产业合作和技术交流。

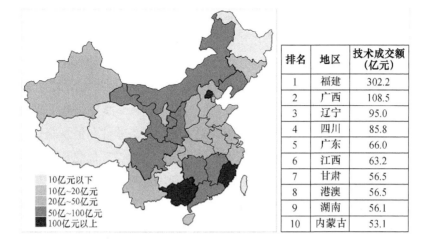

| 排名 | 地区 | 技术成交额<br>（亿元） |
|------|------|------------|
| 1 | 福建 | 302.2 |
| 2 | 广西 | 108.5 |
| 3 | 辽宁 | 95.0 |
| 4 | 四川 | 85.8 |
| 5 | 广东 | 66.0 |
| 6 | 江西 | 63.2 |
| 7 | 甘肃 | 56.5 |
| 8 | 港澳 | 56.5 |
| 9 | 湖南 | 56.1 |
| 10 | 内蒙古 | 53.1 |

**图 3 - 9　中关村 2013 年流向外省市技术合同成交额结构分布示意图**

资料来源：《中关村指数 2014 分析报告》。

2. 中关村软件信息业概况

2013 年第一季度经济数据显示，中关村软件和信息服务业正成为北京增速最快的行业。没有生产线，不用原材料，看不见烟囱，用鼠标点击便可创造价值。凭借低碳环保、高附加值、创意主导及知识产权密集等特征，软件和信息服务业正成为北京经济发展的"绿色引擎"，为首都经济结构转型升级提供了强大驱动力。在北京市，中关村软件园占地仅 2.6 平方公里，但吸引了国内外数百家产业巨头入驻，成为企业单位密度产出价值领先、能耗较低、绿色环保的新一代信息技术产业高端专业化园区。截至 2013 年底，中关村软件园集聚了百度、腾讯、新浪、亚信科技、华胜天成、中科大洋、启明星辰等 277 家国内外知名软件企业总部和全球研发中心，总产值达 1213 亿元。园区每平方公里产值 466.5 亿元，单位密度产出居全国领先地位。软件和信息服务业带来产值的同时，也能较好地控制能耗。据介绍，软件产业能耗投入仅为满足人员办公所需的水电。每万元 GDP 消耗 0.0087 吨标准煤，相当于全国平均水平的 1%，具有高端、高效、低能耗、零污染的绿色低碳化特征。同时，软件和信息服务业也为中关村带来大量知识产权资源，提升自主创新能力。2013 年，园区研发经费共投入 115 亿元，知识产权共计 16304 项，知识产权投入 23 亿元，收入 31 亿元，研发投入占比达 9.48%。企业共获国家级科技进步奖 38 项，其中国家科技进步奖特等奖 1 项、国家科技进步奖一等奖 6 项、科技成果转化 228 项。在中关村软件产业带动下，北京市软件及信息服务业增长快速。北京市统计局第一季度经济数据显示，在支撑北京经济的第三产业各行业中，软件和信息服务业的增加值增长12.9%，领先金融业、批发和零售业、租赁与商务服务业，成为增速最快的行业。

2000~2013年，北京市软件和信息服务业增加值从1644亿元增长到1749.6亿元，年均复合增速高达20%。软件产业分化出的电子商务、电子支付、数字媒体、电子教育等新兴产业均保持全国领先。实际上，软件和信息服务业不仅为北京市经济带来数量上的增长，更带来质量、结构上的提升优化。软件企业推动与传统行业的融合，带动传统产业走向高端。利用自身技术方面的优势，中关村企业推动信息系统、互联网与传统行业的深度融合。比如，带动电子商务、互联网金融、数字制造、文化创意、智慧城市、科技服务等现代服务业快速发展，使产业形态与北京市的承载力相适应[1]。以"新一代信息技术"等核心领域为重点，中关村软件和信息服务业正形成高端产业集群。中关村聚集了"新一代信息技术"行业内近80%的龙头企业，形成下一代互联网、移动互联网和新一代移动通信、卫星应用、集成电路设计四大产业集群。"绿色引擎"也实现了首都出口贸易的高端化转型。北京信息技术服务外包出口从2001年0.7亿美元增加到2013年的304亿美元，年均增长36%，其中2013年对美出口占36.1%，对欧出口占33.6%，完成对出口市场的高端化转型。更为关键的是，从全球产业链布局和信息化安全角度来看，中关村软件和信息服务产业快速发展正改变着欧美主导的格局。长久以来，美国硅谷等国际科技产业聚集区在软件和信息服务业领域掌控大量关键技术，控制着全球关键领域的信息化进程。中关村软件业正在关键领域、全产业链布局方面实现突破[2]。

3. 软件信息服务业重点园区

（1）东城园。东城园位于北京市东城区，是中关村示范区16个分园之一。根据国务院相关批复，东城园于2013年完成了园区空间规划和布局调整，调整后园区面积为6.03平方公里，占全区总面积的14.4%，涉及10个街道办事处。包括北二环北滨河路及安定门外大街沿线地区、北二环地区和原龙潭湖体育产业园地区。东城园是科技部、中宣部、文化部、国家广电总局首批认定的国家级文化和科技融合示范基地，国家版权局认定的"国家版权贸易基地"，国家体育总

①② 中关村软件和信息服务业促经济转型扫描［EB/OL］.2014-06-10，新华网，http：//news.xinhuanet.com/fortune/2014-06/10/c_ 1111065558.htm.

局认定的"北京龙潭湖国家体育产业基地",北京市首批认定的文化创意产业集聚区,也是东城区"首都文化中心区,世界城市窗口区"建设的重要载体。园区的建立给文化底蕴深厚的东城区注入了全新且富有创意的活力元素。东城园的发展定位是"以文化为核心,以科技为手段,以金融为支撑,集中打造文化创意、金融服务、科技和信息服务、商务服务等重点产业,将东城园打造成为东城区未来经济发展的主战场、增长极"。坐落于首都心腹之地的东城园,担负着全区创新驱动、产业升级的重任。2007 年,园区提出"腾笼换鸟、筑巢引凤"思路,对散落在城市肌体与建筑形态间的旧厂房、院落进行小规模、渐进式改造,将高附加值、有特色、成长性好的文化创意产业企业有机植入胡同空间,打造"胡同里的创意工厂",让首都核心区每一寸宝贵的空间都发挥出最大效用。目前已培育胡同创意工厂 20 余个,吸引了 1600 余家文化创意企业入驻,业态涵盖了北京市文化创意产业九大类别的产业链核心部分。目前已经成为东城园文化产业发展的独有"名片"。胡同创意工厂自 2008 年诞生以来已经历了数次"更新换代"。近两年,胡同工厂与"创新孵化"碰撞出新的火花,广受关注的"车库咖啡"、"36 氪"模式正在东城的胡同里实现改造与升级,如科技寺、东方嘉诚等。在提供创业办公空间的基础上,还为创业者搭建了创业服务平台、创投对接平台和社群共享平台,为初创企业提供多角度、多层次的创业服务生态[①]。

东城园以文化为内涵、科技为手段,重点发展文化创意产业,形成了知识产权、数字内容、文化旅游休闲、中医药科技与文化四大产业群集。东城园知识产权产业以版权交易、文化产权交易为核心,以文化金融、版权资源、综合服务等为辅助,努力打造北京市乃至全国最重要的文化产业要素市场。东城园数字内容产业的主要发展领域是数字新媒体,重点培育大型传媒企业,以及数字内容关键技术服务商。东城园是国家和北京市发展文化创意产业和高新技术产业的重要载体,依托良好的区位优势和政策环境。东城园政策体系:国家、北京市关于促进文化创意产业发展的政策;中关村国家自主创新示范区关于促进高新技术产业发展的政策;东城区关于促进文化创意产业、低碳、中医药、戏剧演出等产业发展的政策。为了强化政府的公共服务职能,为产业发展营造一个便捷舒适的外部环境,东城园打造了比较系统的公共服务平台体系,主要包括工商税务、公共信

---

① 中关村东城园. 中关村科技园区东城园介绍 [EB/OL]. 2016 - 01 - 10, http://www.zgc-yhy.gov.cn/n1569/n2458434/n2462131/index.html.

息、创业孵化、公共交流、人事人才、法律维权、投融资、中介等服务内容①。
2014 年，东城园共有高新技术企业 285 家纳入统计范围，实现总收入 1501.94 亿
元，同比增长 96.43%。其中技术收入为 348.50 亿元、产品销售收入 340.04 亿
元、商品销售收入 311.57 亿元。在东城园高新技术产业收入中，按技术领域分，
电子与信息所占比重排第一位，该技术领域收入达到 464.37 亿元，同比增长
159.67%，占总收入的 30.92%②。

（2）西城园。中关村科技园区西城园于 2002 年 5 月 24 日正式开园，是中关
村科技园区的重要组成部分。经过八年的发展，西城园产业结构日趋合理，经济
效益明显提高，对区域经济增长的贡献度逐步增强。通过巩固优势资源、完善基
础设施建设、引进重点项目、培育高端核心产业、园区逐步发展成为一个设施完
备、服务优良的综合性产业功能区，成为带动西城区经济发展的重要区域之一，
在促进区域经济发展方式转变、推动产业结构优化升级中发挥了重要作用，并被
评为北京市重要的文化创意产业集聚区和首都四大金融后台服务区之一。作为中
关村国家自主创新示范区"一区十六园"之一，集中了中国工程院、北京有色
金属研究院、北京矿冶研究总院等近 60 家国家和市级科研院所、3 家国家重点
实验室、5 家国家工程技术研究中心，是世界"设计之都"核心区，也是首批国
家级文化与科技融合示范基地之一。这一资源优势决定了中关村西城园的科研机
构、科技人才和研发能力的集聚密度历来为北京乃至全国最高的地区之一，从而
带动和促进了整个西城区高新技术产业的发展。

根据《北京城市总体规划（2004～2020 年）》，西城区被定位为首都功能核
心区之一。西城区是国家政治中心的主要载体，国家金融管理中心，传统风貌重
要旅游地区和国内知名的商业中心。西城区深厚的文化底蕴和强大的金融、信
息、科技、教育等资源优势，为科技园产业奠定了良好的基础。西城园以研发设
计、金融后台服务、文化创意和高端交易为主要产业业态，全力推进产业优化升
级；以特色街区、主题楼宇为主要空间形态，重点推进空间布局调整和城市形态
提升，促进产业发展和空间改造的相互支撑，持续推进体制机制创新，加快公共
服务平台建设，塑造提升区域品牌形象，打造产业高端发展、空间高效利用、生

---

① 中关村国家自主创新示范区. 一区多园［EB/OL］. 2016 - 01 - 10, http：//www.zgc.gov.cn/
sfqgk/gyjj/.

② 中关村东城园. 东城园高新技术产业［EB/OL］. 2016 - 01 - 10, http：//www.zgc - yhy.gov.cn/
n1569/n2458434/n13467995/14848732.html.

态环境优美、品牌形象知名、管理服务一流的"首都高端创新型产业集聚区"。2002 年开园后，为加快西城园建设，西城区政府专门出台产业政策扶持企业发展壮大，颁布了《西城区关于进一步促进中关村科技园区德胜科技园产业发展若干规定》（西政发［2006］14 号），形成了与国家、北京市及中关村科技园区相关政策相配合的产业促进政策体系，成为推动园区企业创新的重要力量。政策扶持入驻可申创新基金，58 亿元高新技术产业项目京港会抛"橄榄枝"。DRC 北京工业设计创意产业基地可以称得上是国内创意产业园区的范本，它是由原邮电部电话设备厂旧厂房改造而成的，除办公场所外，基地还建设了材料展示中心、CNC 手板模型中心、实验室等。入驻的企业除了可以申报北京市高新技术企业、中小企业创新基金外，还能享受《北京市促进文化创意产业发展的若干政策》等政策的扶持。自 2006 年 1 月以来，已经有上百家工业产品设计、网络动漫设计、网络媒体等国内外知名品牌设计类公司入驻 DRC 基地①。

（3）海淀园。海淀园为中关村国家自主创新示范区"一区十六园"总体布局的核心区，是中关村科技园区的发源地，是中关村战略性新兴产业策源地，是中关村人才特区、国家级科技与文化融合示范基地、国家级科技金融创新中心。经过多年持续创新发展，海淀区的软件和信息服务业已经具有较大的规模，并且技术创新和总收入在北京市和全国都占有重要地位。2011 年，海淀区软件和信息服务业收入约为 2700 亿元，约占北京市的 65%，占全国的 1/6，是全国规模最大的软件与信息服务业产业集群。尤其是服务外包业，海淀区不仅是我国服务外包业的发祥地，而且经过持续创新发展，软件外包产业规模迅速扩大。2000 年海淀区离岸服务外包产业规模不足 4000 万美元，2011 年海淀区离岸外包收入达到了 10.87 亿美元，10 年增长了 20 倍，始终保持全国领先地位，形成了以中关村软件园和上地信息产业基地为中心的总部基地、高端研发、接发包交易等集聚区，文思创新、软通动力、博彦科技、海辉软件、中讯计算机 5 家企业先后多次入选全国"服务外包十大领军企业"。在国际外包专业协会评选出的全球外包年度 100 强企业榜单中，海淀有 4 家企业榜上有名，并且位次不断提升，辐射带动能力持续增强，区内约 50 家外包企业共拥有 130 余家海外分支机构，主要集中在北美、欧洲以及东南亚地区。

---

① 中关村西城园：都市型现代服务业核心集聚区［EB/OL］. 2016 - 01 - 10，中国创新网，http：//www.chinahightech.com/html/1271/2014/1203/15362405.html.

2012 年 3 月，工业和信息化部认定海淀园软件和信息服务业为国家新型工业化产业示范基地①。核心园区发展目标是：到 2015 年，初步建成具有全球影响力的科技创新中心；到 2020 年，全面建成具有全球影响力的科技创新中心。具体目标：实现培养和聚集一批优秀创新人才特别是产业领军人才，研发和转化一批国际领先的科技成果，做强做大一批具有全球影响力的创新型企业，培育一批国际知名品牌，即"四个一批"目标。2014 年，在全球经济调整的背景下，海淀园经济稳步快速增长，科技创新能力明显增强。核心区规模以上高新技术企业总收入达 1.44 万亿元，同比增长 19%，是 2009 年的 2.5 倍，占中关村示范区的 40%，占全国高新区的 1/7 左右；工业总产值同比增长 20%；企业研发强度预计达 4.2%，高于中关村示范区整体水平；发明专利授权量达 1.1 万件，同比增长 5.1%，占北京市的 49.6%，每万人发明专利拥有量达到 150 件，是全国每万人发明专利拥有量 4.9 件的 30 倍，高于美国硅谷地区；实现技术合同成交额达 1367 亿元，同比增长 9.5%，占全市的 40%，占全国高新区的 1/7。核心区已成为首都创新发展的重要引擎，在全市经济转型发展中扮演着越来越重要的角色。2014 年国家科技奖，海淀园驻区单位作为第一完成单位共有 56 个项目分获国家自然科学奖、国家技术发明奖和国家科技进步奖（通用项目），占北京市通用项目获奖总数的 68.3%，占全国通用项目获奖总数的 17.6%，彰显了海淀科技资源优势和强大的自主创新能力。移动互联网与下一代互联网产业：大唐电信、闪联、中星微、华为等移动互联网龙头企业，主导创制了近 70 项国际标准和 600 项国家标准，中关村物联网产业联盟 40 余家机构涵盖了物联网的整个产业链。信息和移动互联领域有联想、百度、小米等代表性企业，微软、用友、中软国际、博彦、文思和软通动力等软件企业均位于海淀。该产业发展目标：到 2015 年，产业收入达到 4000 亿元。培育一批龙头示范企业、高成长的瞪羚企业；应用水平显著提高，完成一批应用示范项目和工程。北斗及空间信息产业：全市导航与位置服务产业 80% 以上的产值及 90% 的重点企业集中在海淀，涌现出北斗星通、四维图新、合众思壮等代表企业。该产业发展目标：到 2015 年，产业收入达到 450 亿元，其中，6 个重点发展方向的收入规模达到 290 亿元。云计算产业：海淀区是我国计算机产业研发和产品设计的核心地区。联想公司、曙光信息产业、中科院计算技术研究所和国家超级计算中心联合研制出"星云"千万亿

---

① 孟景伟. 立足海淀，助力软件和信息服务业 [J]. 中国高新技术产业导报，2012（7）.

次高性能计算机系统，成为全球继美国之后第二个掌握千万亿次高性能计算机设计制造技术的国家。该产业发展目标：到 2015 年，实现产业产值突破 2300 亿元，形成 35 家十亿元以上级别龙头企业，其中五十亿元级 10 家，百亿元级 5 家，一亿元以下云计算中小创新企业 100 家。集成电路设计产业：集成电路设计园等专业园区集中了一大批在国内有影响力的领军企业。如大唐微电子、中星微、创毅视讯等。"龙芯"、"北大众志"等一批国产通用处理器逐步成熟并得到应用。该产业发展目标：到 2015 年，实现销售收入约 200 亿元，培育出 5 家年销售额超过 10 亿元，30 家销售额超过 1 亿元的企业。15 家企业进入国家规划布局内的重点集成电路设计企业①。

2015 年 1～7 月，海淀园总收入完成 7302.05 亿元，同比增长 10.7%；海淀区规模以上工业总产值实现 1060.3 亿元，同比增长 5.0%；全区发明专利授权 0.9 万件，同比增长 36.3%，技术合同成交额 493.1 亿元，同比增长 23.7%。企业内部用于科技活动的经费支出 322.26 亿元，同比增长 14.4%②。以企业为主体的科技创新体系，创新要素高度聚集：以北大、清华为代表的高等院校 83 所，其中"211 工程项目"高校 19 所，"985 工程项目"高校 8 所，"985 工程优势学科创新平台"项目高校 6 所。在校大学生人数占北京市一半以上，2014 年毕业大学生 20 万人以上。以中国科学院、工程院为代表的科研院所 138 家。中国科学院和中国工程院两院院士 582 人，占全国的 37%。国家重点实验室、国家工程研究中心、国家工程技术研究中心、国家级企业技术中心占全国的 1/8。完善的创新创业服务体系：科技企业孵化器数十家，其中国家级 14 家，中关村创新型孵化器 11 家，一批新兴孵化器、集中办公区投入运营；大学科技园 19 家，其中国家级 14 家；留创园 21 家，科技企业加速器 5 家，高端人才创业基地 1 家，产业技术联盟近 80 个，行业协会 30 余家。国际技术转移集聚区、国际技术转移中心：科技部与北京市联合颁布《关于建设国家技术转移集聚区的意见》，决定在中关村西区共建国家技术转移集聚区和中国国际技术转移中心。截至 2013 年底，国际技术转移中心已吸引包括中意技术转移中心等 52 家国际化创新服务机构入驻，促成技术交易额达 2.8 亿元。同时，中国国际技术转移中心被列入北京市第

① 中关村科技园区海淀园管理委员会. 园区概况（战略性新兴产业）［EB/OL］. 2016 - 01 - 10, http: //www. zhsp. gov. cn/yqgk/xxcy/.

② 中关村科技园区海淀园管理委员会. 园区概况（核心区经济发展状况）［EB/OL］. 2016 - 01 - 10, http: //www. zhsp. gov. cn/yqgk/mlhxq/jjfz/.

一批创业期科技型企业集中办公区。①

（4）亦庄园。北京经济技术开发区于 1992 年开始建设，是北京市唯一的国家级经济技术开发区。1999 年 6 月，开发区内设立中关村科技园区亦庄科技园，同时享有国家级经济技术开发区和国家高新技术产业园区双重政策。截至 2010 年 12 月底，北京亦庄累计入区企业 3870 家，累计投资总额 250.8 亿美元。北京亦庄已成北京市新经济增长极，是众多投资者不约而同地选择。经过十余年的发展，北京亦庄已形成电子信息、生物医药、汽车制造、装备制造四大主导产业。未来，北京亦庄将进一步调整产业结构，持续增强产业发展承载力、产业体系集群性、产业组合协同度，在巩固提高四大主导产业的基础上，支持培育新能源新材料、军民结合、文化创意三大新兴产业；配套发展生产性服务业、科技创新服务业、都市产业三大支撑产业，引导形成高端、高效、高辐射的十大产业集群。

目前知名企业，已有诺基亚、康宁、奔驰、拜耳、GE、博世、SMC、中芯国际、京东方等 80 多家著名跨国公司在北京亦庄投资建厂，其中包括 70 家世界 500 强企业投资的 95 个项目。通过龙头项目的带动，不断完善上下游产业链，促进产业集群化发展，北京亦庄形成了自己的一套完整经验。星网工业园就是亦庄产业集群化发展的杰出作品——吸纳全球著名的移动通信配套企业，所有企业实现"零库存"，使以诺基亚为龙头的移动通信产业链成为世界上最完整、最具竞争力的集技术研发、产品设计、零配件供应、物流、生产和地区总部于一体的移动通信产业链。在此基础上，北京亦庄正在致力于再造"星网"成功模式，实现新的跨越。北京亦庄产业扶持和鼓励措施主要包括《北京经济技术开发区产业扶持和鼓励办法（试行）》、《北京经济技术开发区科技创新专项资金管理办法（试行）》、《关于鼓励和吸引海外高层次人才来北京经济技术开发区创业和工作的意见（试行）》、《北京经济技术开发区鼓励建设数字电视产业园办法（试行）》等。分别在产业发展、科技创新、人才建设等方面给予企业最大限度的扶持②。北京市科委负责人表示，在国家大力推动"京津冀协同发展"的大背景下，加快推进京津冀协同创新共同体建设和京津冀创新改革试验区建设，制定有利于新技术、新产品流通和高新技术企业联动的政策，开拓三地统一技术市场，使新技

---

① 中关村科技园区海淀园管理委员会. 园区概况（发展环境）[EB/OL]. 2016 - 01 - 10, http://www.zhsp.gov.cn/yqgk/fzgh/.

② 中关村国家自主创新示范区. 一区多园 [EB/OL]. 2016 - 01 - 10, http://www.zgc.gov.cn/sfqgk/gyjj/.

术、新产品能在三地间顺畅流通，促进技术跨区域流动加速，在互惠共赢的基础上培育新的经济增长点。希望联盟在推动技术转移、区域合作、促进共同发展中发挥重要作用。科技部火炬中心负责人对联盟发展提出要求：一是加快形成资源开放共享，要素自由流通的合作新格局；二是探索开展技术资本化试点，如北京的国家技术转移集聚区，有的企业做了很好的探索，包括以并购等方式开发、投资、收购国内外领先技术项目，实现技术项目连根带土的转移和转化；三是建立需求导向和市场导向的技术转移服务机制，把企业转型升级、产业结构调整和区域创新发展的需求，作为技术转移服务的出发点和驱动力①。

（5）朝阳园。朝阳园占地 26.1 平方公里，包括电子城东区、电子城西区、健翔园、电子城北区、望京地区和垡头中心区，重点发展新移动、新能源和新医药产业。其中电子城东区地处酒仙桥地区，规划面积 6.11 平方公里，是北京市政府批复的老工业基地改造试验区，全新的定位使这里成为了高新技术产业和生产性服务业融合发展的新型产业区；798、751 两大文化创意产业园也坐落其中。电子城西区规划面积 2.02 平方公里，是国际电子通信总部及研发中心的聚集地。北区规划面积 3.38 平方公里，将重点打造中国"移动谷"，为高新技术产业集群提供新的承载空间。健翔区规划面积 3.88 平方公里，辖区内分布着中科院 12 个科研院所和 10 个重点实验室，为国际科技活动和产业发展提供了重要的服务平台。望京地区规划面积 2.71 平方公里，其中核心区大望京科技商务创新区规划面积 0.97 平方公里，定位为具有国际影响力的科技商务中心，与北区一并列入朝阳区十大发展基地，成为电子城"三新"产业高地的延伸和支撑。垡头中心区规划面积 8.01 平方公里，将构建以现代总部商务服务、国际高端商贸服务、文化旅游休闲服务、战略性新兴产业为重点的总部商务基地。现已完成中心区控规编制工作，并已上报市规委待审批②。"十一五"期间，电子城科技投入增长迅速，科技活动人员和科技活动经费支出分别以年均 12% 和 22% 的速度递增。涌现出一批高水平的自主知识产权技术成果，企业拥有发明专利数年均增长 61%，2009 年达到 1683 件。其中，北方微电子自主研发的"100 纳米高密度等离子刻蚀机"填补了我国在集成电路高端核心装备制造业的空白，荣获 2009 年

① 北京经济技术开发区. 北京亦庄［EB/OL］. 2016 – 01 – 01，http：//www. bda. gov. cn/cms/kjdtsj/128870. htm.

② 中关村朝阳园. 园区简介［EB/OL］. 2016 – 01 – 01，http：//www. zgc – dzc. gov. cn/html/2014 – 07/zy – 636_ 207. htm.

度"国家科技进步二等奖"；德信无线开发的多款商用 3G 多媒体终端，成为目前国内唯一可以提供 WCDMA 和 CDMA2000 终端产品的研发公司；中电华大成为国内最具实力的集 IC 设计、系统应用开发和工具设计为一体的综合性 IC 设计公司；亿维讯的创新能力拓展平台 CBT/NOVA 成为目前世界上唯一一款通过国际 TRIZ 协会认证的 TRIZ 培训软件。

产业结构不断优化，主要经济指标稳步增长。朝阳区 70% 的高新技术产业在电子城，电子城的高新技术产业主要是以电子信息、新能源和以通信制造及医疗器械业为主的先进制造业，其总收入、企业数分别占 65% 和 67%。第二次经济普查数据显示，电子城科技园第二产业、第三产业高新技术企业法人单位为 1090 个，其中从事第二产业的为 254 个、从事第三产业为 836 个，分别占 23%、77%；工业单位 240 个、服务业单位 626 个，分别占 22%、57%。"十一五"期间，电子城科技园总收入以年均 25% 的速度增长，2009 年达到 1019 亿元，同比增长 36%，占中关村科技园区总收入的 8%，在中关村十园中位列第四。与此同时，电子城科技园工业总产值、出口创汇、实现利润和实缴税费分别保持 13.2%、6.4%、67.9% 和 26.7% 的年增长速度，到 2009 年分别达到 390 亿元、12.3 亿元、108 亿元和 50 亿元，各项指标保持良好的增长态势。与此同时，电子城功能区发展仍然存在以下方面的问题：一是企业核心竞争力不强，具有本土性自主知识产权的核心技术不多；二是产业的集约化程度低，缺乏龙头企业和领军型人才；三是道路交通设施难以满足产业发展的需要，电子城东区与快速路联系不畅、通道容量不足、内部路网建设落后；四是电子城功能区产业驱动型的城乡一体化发展模式尚未形成。

战略性新兴产业正在异军突起。新时期，以新一代信息技术、新能源、节能环保、生物产业等为主要内容的战略性新兴产业呈现加速发展的态势。特别是在新一代信息技术领域，基于 IPv6 协议的下一代互联网关键技术与设备的研发及产业化蓄势待发。作为下一代互联网的应用重点，物联网通过信息传感设备（射频识别 RFID、红外感应器、全球定位系统、激光扫描器等），按约定协议，把"任何物品"与互联网连接起来，打破只有手机、电脑等才可以接入互联网的惯例，给人们的生产生活方式带来深刻的变革。随着"三网融合"（互联网、电信网、广电网）的推进，下一代互联网、物联网将使新一代信息技术面临着一个潜力无穷的产业发展机会。截至 2014 年 10 月，朝阳园共有高新技术企业 1688 家，实现总收入 3054.1 亿元，同比增长 24.7%，从业人员为 189687 人，同比增长

13.7%。进出口总额达 148.4 亿元，同比增长 106%。园区共有亿元企业 206 家，"瞪羚计划"企业 62 家，"十百千工程"企业 33 家，2013 年获得"北京市战略性新兴产业科技成果转化基地"称号。研发活动日益活跃，自主创新能力不断提高。2014 年 1 ～ 10 月，实现科技活动经费支出总额 110 亿元，同比增长 20%；新增专利申请 1327 件，获得专利授权 868 件，拥有专利 9845 件，软件著作权 3507 个，形成国家和行业标准 402 项。全年认定登记技术合同成交总金额达 55 亿元，同比增长 10%。涌现出一批高水平的自主知识产权成果，成为带动产业发展的原动力。1 ～ 10 月，园区新落户企业 1298 家，累积注册资本金超 125 亿元。从所属产业类型看，高新技术和文化创意产业企业占比 67.1%，其余为金融、商务服务等产业。成熟的总部和研发中心集群。依托中关村国家自主创新示范区丰富的创新资源，吸引了 10 多个国家和地区的 150 家跨国公司和总部企业在园区投资，其中仅世界 500 强企业就达 30 余家，包括爱立信、施耐德、安捷伦、ABB（中国）、西门子、特斯拉等，2013 年获得"北京市总部经济集聚区"称号。优惠的园区政策。入园企业不仅可以享受国家、北京市和朝阳区的政策，还可以叠加享受中关村的各项优惠政策。包括朝阳区高新技术产业发展引导资金，鼓励总部经济及服务业发展专项引导资金、促进金融产业发展、促进中小企业发展、企业研发投入资助、促进企业上市资金，以及中关村"1 + 6"、新四条、科技金融、技术创新、产业发展、创业服务、人才、财税等政策。同时，园区亦为企业提供各方面的服务，不断改善企业的投资和经营环境①。

（6）石景山园。中关村石景山园于 2006 年 1 月经国家发改委审核批准正式加入中关村科技园区，是中关村国家自主创新示范区"一区十六园"中的文化创意产业特色园。园区地处北京市石景山区中部，紧邻长安街延长线、五环路、阜石路，毗邻八大处和法海寺公园，交通便利、环境优美、配套完善、生态良好、政策优惠、发展空间广阔。按照石景山区建设首都文化娱乐休闲区的发展定位，园区重点发展文化创意、高新技术产业及科技服务等符合区域发展定位的新兴高端产业，努力建设成为区域经济新的增长极和 CRD 的动力引擎。石景山园作为中关村园区的文化创意特色园和数字娱乐示范园，在发展以数字娱乐为特色的文化创意产业过程中逐步树立了品牌、赢得了支持，提升了石景山区的知名度

---

① 中关村管委会. 中关村国家自主创新示范区 ［EB/OL］. 2016 - 01 - 01，http：//www. zgc. gov. cn/sfqgk/gyjj/.

和美誉度，优化了区域发展环境。国家数字媒体技术产业化基地、国家网络游戏动漫产业发展基地、中国电子竞技运动发展中心、国家动画产业基地等相继落户。目前，园区以数字娱乐为特色的颇具规模的文化创意企业已达600余家，研发生产数字娱乐产品千余款。园区充分发挥中关村产业发展政策、北京市文化创意产业支持政策和石景山区特色政策的叠加优势，整合凝聚了国家、北京市各类产业平台项目资源，支持企业快速发展。园区现拥有以搜狐畅游、暴风网际为代表的娱乐互动门户企业，以华录文化为代表的影视文化产业，以东土科技、东方信联为代表的现代通信技术企业。以园区为龙头，通过"小园区大发展"战略的落实实施，辐射带动产业培育基地实现快速发展，一大批规模企业和高成长企业的驻园发展，为园区发展注入了强有力的支撑。

（7）怀柔园。北京雁栖经济开发区成立于1992年（原名北京雁栖工业开发区），2000年被北京市政府批准为市级工业开发区。2006年7月，更名为北京雁栖经济开发区，总规划面积为15.035平方公里。是北京市保留的十九家市级开发区之一，也是北京市第二批市级生态工业园试点园区。近几年，开发区积极推进产业结构调整，大力发展高新技术产业，在做优做强都市产业的同时，着力打造科技服务产业园、纳米科技产业园、数字信息产业园。科技服务产业园以建成国家自主创新体系的重要示范基地为发展目标。截止到2013年6月，已有中科院的近30个项目签约落地，2012年实现收入4.5亿元。纳米科技产业园是北京市科委与怀柔区政府共同建设的特色产业园区，以建成世界知名的纳米科技创新集群、国内领先的纳米科技成果转化基地、北京北部研发服务和高技术产业聚集区新支点为发展目标，重点发展纳米绿色印刷、纳米新能源、纳米生物科技、纳米新型显示材料等领域的纳米产品和技术。截止到2013年6月，园区已投产项目6个、已签约项目21个、计划总投资约33亿元，预计年总产值50亿元以上。数字信息产业园以中科院网络中心和亚马逊云计算项目等龙头项目为基础正在逐渐形成，重点发展云计算关键技术研发与应用、物联网关键技术研发与应用、大型数据中心建设、芯片研发设计、数字内容领域。①

（8）密云园。密云经济开发区位于密云县城西南部，南邻京承高速公路，北依101国道，西与怀柔区接壤，东临密云县城。万亩森林公园贯穿其中。随着京承

---

① 北京雁栖经济开发区．雁栖概览［EB/OL］．2016 - 01 - 01，http：//www. yda. gov. cn/html/2013051161. htm.

高速公路的开通，密云经济开发区已进入北京半小时经济圈。国家教育部、科技部、农业部和北京市政府相继批准建立"中国高校科技产业基地"、"国家火炬计划北京绿水高新技术产业基地"、"全国农产品加工业示范基地"、"北京高新技术成果孵化基地"、"北京汽车零部件产业基地"、"北京数字信息产业基地"。2007年，被北京市工业促进局（现为北京市经信委）确定为北京市首批生态工业园试点园区。同年，成为中关村高新技术产业共建基地。2012年10月13日，经国务院批准，密云经济开发区被正式纳入中关村国家自主创新示范区"一区十六园"。

"十三五"期间，密云经济开发区将全面促进传统产业向高新技术产业跨越，按照"立足基础、突出特色、错位发展、差异竞争"的原则，积极推行"大项目—产业链—产业集群—产业基地"的发展路径，实现创新型成长、链条式发展、园区化布局，推进总部经济，数字信息、新型材料等新兴高端产业不断发展壮大。总部经济：以潮白河河畔生态环境为优势，加快推进总部中心、研发中心建设，努力建成全市生态涵养发展区"工作环境最优、人才聚集最多、创新能力最强、企业效益最好"的总部研发产业基地。数字信息产业：以北京数字信息产业基地为载体，重点发展物联网产业、呼叫服务产业、金融后台外包服务产业，争创国家级服务外包示范区，打造"世界·云谷"。凡在密云经济开发区新注册的总部企业和结算中心（金融、广告传媒、文化创意、融资租赁、"互联网＋"、电子商务、高端贸易、房地产经纪、现代服务业等行业），一方面可以参照密云县人民政府关于加快县域发展若干政策文件中的相关内容给予北京地区最高的资金支持，特殊企业可按照"一事一议"的方式给予资金支持，另一方面还可以享受中关村国家自主创新示范区的政策支持。凡在密云经济开发区新注册的总部企业和结算中心，开发区可无偿提供注册地址和房屋租赁证明，协助企业办理工商注册、税务登记等各项手续，提供一条龙服务，不收取任何服务费①。

## 二、北京市重点软件和信息服务业集聚区

在北京软件和信息服务的布局上，随着产业整体的快速发展和新型产业形态的不断涌现，软件和信息服务业类企业除了在传统聚集区海淀和朝阳两地外，在石景山区和大兴—亦庄经济开发区等地出现了新的集聚区，使北京软件和信息服

---

① 北京密云经济开发区. 开发区简介［EB/OL］. 2016 – 01 – 01, http：//www. bmida. gov. cn/f/list – intoThePark – 18.

务产业的布局得到了进一步的优化。在产业园区分布上，形成了以中关村科学城、中关村软件园和软件新园为核心的，包含多个专业产业基地的发展格局，在充分发挥产业集聚效应又突出园区特色的条件下，将产业布局与城市功能定位相结合，形成全市软件和信息服务业协调可持续发展的良好局面。

1. 中关村科学城

中关村科学城是指中关村大街、知春路和学院路周边区域，总面积为75平方公里，是我国科技资源最为密集、科技条件最为雄厚、科技研发成果最为丰富的区域，汇集的科研资源、产业组织是建设创新型国家的重要载体和骨干力量，也是战略性新兴产业的策源地。该区域内汇集了清华大学、北京大学等一批重点高等院校，中国科学院、中央转制院所等一批国家级科研机构，上百家国家重点实验室和国家工程中心，航天科技、联想集团等6000余家高新技术企业。

2. 中关村软件园和软件新园

中关村软件园在立项之初即得到了北京市委、市政府的高度重视，2000年底，时任市委书记、时任市长亲自踏勘选定了园址。2001年7月12日，中关村软件园被国家计委、信息产业部共同确定为国家软件产业基地。2004年8月3日，中关村软件园又被国家发改委、信息产业部和商务部确定为国家软件出口基地。作为全国四个"双基地"之一，中关村软件园从其建设之初就确定了凝聚企业、整合资源，促进软件产业发展的使命和任务。中关村软件园的产业定位正是为软件企业提供全方位、专业化的服务体系。作为政府促进软件产业发展的一个"抓手"，大力发展中关村软件园对北京软件产业保持领先优势有着重要的意义[①]。中关村软件园是北京软件企业最主要的聚集区域之一，位于海淀区东北旺，园区东邻上地信息产业基地，与清华大学、北京大学毗邻，具有良好的区位优势。

3. 朝阳"移动谷"

朝阳"移动谷"以酒仙桥电子城为基地，已经成为北京发展新一代移动通信、光电显示、计算机与网络三大产业的重要基地。"移动谷"以3G技术为突破口，重点发展通信产业研发中心、企业总部、新技术服务中心等高端产业形态。"电子城"将以3G为突破口，重点发展通信产业研发中心、企业总部、新技术服务中心等高端产业形态，电子城相关负责人介绍，目前，已有摩托罗拉、

---

① 百度百科，http：//baike. haosou. com/doc/6698388 - 6912302. html.

安捷伦、罗德与施瓦茨、大唐电信、爱立信、索尼爱立信、西门子、鼎桥通信、北电网络、阿尔卡特—朗讯、三星电子、LG 电子、第一视频、中国电信移动互联网运营中心、宇龙酷派、星河亮点、德信无线、瞬联讯通等 30 余家移动通信知名企业聚集发展，业务范围覆盖了技术标准、系统设备、终端设备、芯片、测试仪表、软件等产业链环节。电子城科技园已初步形成了不同产业链环节、不同规模的移动通信企业和谐发展的产业生态氛围，为进一步发展移动通信产业奠定了良好的产业基础。同时，电子城科技园还聚集了大量的致力于软件、内容服务方面的创新型中小企业，包括一批掌握先进技术的留学人员创业企业，如启创卓越、和信锐智、宝迪华禹等。此外，位于园区的中国北京（望京）留学人员创业园内还搭建有新媒体孵化平台，旨在转化新媒体技术成果，培育新媒体创新企业和培养新媒体创新人才，目前，青青树、迪乐动漫、视宴网络等技术公司正在发展壮大。

4. 石景山数字娱乐产业基地

北京数字娱乐产业示范基地位于北京市石景山区，是科技部"国家数字媒体技术产业化基地"和新闻出版总署"国家网络游戏动漫产业发展基地"的重要组成部分，同时也是中华全国体育总会授牌的唯一一家"中国电子竞技运动发展中心"。其目的是吸引和整合北京的数字媒体和娱乐领域的优秀企业和人才，成为发展北京数字娱乐产业的重要载体。基地于 2004 年正式启动，目前已有 100 多家从事文化创意、数字娱乐企业入驻，拥有集网络游戏、动漫画、手机游戏、3G 新业务、数字音乐、数字出版、新媒体影视等数百项具有自主知识产权的民族精品。

5. CBD 国际总部聚集区

北京商务中心区（CBD）地处北京市长安街、建国门、国贸和燕莎使馆区的汇聚区，集中了 IBM、甲骨文、微软、惠普等跨国软件和信息服务企业住中国总部，同时汇集了麦肯锡、埃森哲等一批国际知名咨询公司，在信息服务咨询、基础软件等高端软件和信息服务领域具有重要的影响力，是北京市软件和信息服务业国际化的重要区域。此外，在 CBD 同样吸引了一批高水平的内容服务提供商的入住，包括国际著名媒体集团如亚洲传媒论坛、美国新闻集团和国内传媒领军企业如中央电视台、上海文广传媒、公众传媒、雅虎等知名媒体机构，为北京软件和信息服务业的发展提供了大量的优质载体和资源。

6. 北京经济技术开发区芯中心

北京经济技术开发区芯中心位于北京市亦庄经济开发区，这里不仅有优厚的政策支持，更依托北京亦庄经济开发区众多电子制造企业，重点发展为制造业服务的嵌入式软件。2010年嵌入式软件测试中心公共服务平台在芯中心投入使用，进一步完善了北京市软件产业服务体系，而北京南城软件产业服务体系的建设也有力地支持了亦庄现代制造业基地升级发展。截至目前，以芯中心为龙头，亦庄初步形成了北京市规模最大的嵌入式软件企业集聚地，是北京市目前第三大软件园①。

# 第二节　天津科技开发区与产业基地

## 一、滨海高新技术产业开发区

### 1. 新区基本情况

天津滨海高新技术产业开发区1988年经天津市委、市政府批准建立，1991年被国务院批准为首批国家级高新技术产业开发区，总体规划面积为97.96平方公里。天津滨海高新技术产业开发区包括华苑科技园、滨海科技园、南开科技园、武清科技园、北辰科技园、塘沽科技园六部分。其核心区域华苑科技园、滨海科技园位于天津市西南部和东部，是天津市经济发展的双子星座。天津滨海高新技术产业开发区始终坚持"科学技术是第一生产力"的指导思想，以增强自主创新能力为主线，以高水平环境建设为保证，以体制机制改革为动力，强化政策支撑、载体支撑、生态支撑，构建以企业为主体的研发体系，实践三级孵化的创业体系，推进支持创新的服务体系，搭建多层次的产学研体系，建设产业创新集群，打造区域特色品牌，不断推动产业结构向高端、高质、高新化发展，在促进科技与经济结合方面走出了一条特色之路。建区以来，天津滨海高新技术产业开发区始终坚持依靠科技发展经济，主要经济指标持续保持30%以上的增长速度。发展环境不断优化，创新能力不断增强，产业规模不断提升，涌现出一大批拥有自主知识产权的高新技术企业，形成了绿色能源、软件及高端信息制造、生

---

① 李穆楠. 北京软件和信息服务业发展模式研究［D］. 北京：首都经济贸易大学硕士学位论文，2012.

物技术与现代医药、先进制造业和现代服务业五个具有较强竞争力的优势主导产业，初步形成了参与产业高端分工、创新浪潮持续涌现、骨干企业规模带动、配套企业链条不断延伸的产业创新集群。天津滨海高新技术产业开发区已具备了建设高水平自主创新基地和高新技术产业化示范基地的基础和条件。

2001年，天津滨海高新技术产业开发区被科技部评为"国家先进高新技术产业开发区"；2005年，被国家知识产权局批准为全国首家"国家知识产权试点园区"，核心区华苑科技园被国家环保总局、国家科技部批准为 ISO14000 国家示范区；2006年，核心区滨海科技园成为科技部和天津市共建的全国第一个国家高新区；2009年，天津滨海高新技术产业开发区成为国家科技部首批创新型科技园区建设试点单位之一。多元、包容、开放、务实、具有现代创新精神的天津滨海高新技术产业开发区，将以优惠的鼓励政策、优越的配套设施、优雅的区域环境，为来自全国和世界各地前来投资发展的客人，提供全方位、优良的服务。作为国家首批创新型科技园区之一的天津滨海高新技术产业开发区，具有集港口、经济技术开发区、高新技术园区、出口加工区和保税区于一体的功能聚集优势。区域内形成了优势比较突出的航空航天、汽车及装备制造、粮油轻纺、生物医药、石油化工、新能源、新材料和环保、电子信息八大主导产业，具备了比较雄厚的产业基础，形成了高新技术产业群。已经形成了多层次的科技创新体系，累计建成市级以上研发中心 354 家，市级及以上重点实验室 88 个，市级及以上工程中心 93 个，市级及以上企业技术中心 173 家，在大数据、移动互联网、基因科技等前沿领域，形成杀手锏产品近 100 个[①]。天津滨海新区最终将建设成我国自主创新和高新技术研发的高地，成为引领全球科技及新技术产业发展的龙头，支撑中国第三增长极的重要创新极。

2. 核心区介绍

（1）华苑科技园。华苑科技园坐落在天津市区西南部，规划面积为 11.58 平方公里。华苑科技园是天津高新区的核心区，是市区内唯一成片开发的区域，其中华苑科技园（环内）2 平方公里、华苑科技园（环外）9.58 平方公里。华苑科技园地处京、津发展轴，距首都北京 100 公里，距天津滨海国际机场 18 公里，距天津港 50 公里，紧靠京沪、津保、京塘高速公路，毗邻京沪高速铁路，城市地铁 3 号线将穿行于其间。华苑科技园周边有南开大学、天津大学等 13 所高等

---

① 国家发展和改革委员会. 国家级新区发展报告［M］. 北京：中国计划出版社，2015.

院校，与全国示范小康住宅区——华苑居住区和天津市第一中心医院相连，邻近 2008 年奥运会天津赛场和天津水上公园。华苑科技园地理位置优越，生活条件便捷，创新资源丰富，高端人才集聚，是天津市第一个"无燃煤区"和"国家 ISO14000 环保示范区"。目前已吸引了众多世界知名企业前来投资办厂，西门子、丰田、三星、微软、三洋、NEC 等世界 500 强企业已有 24 家，企业总数已达 3600 家。华苑科技园拥有全国最大规模的孵化器群，孵化面积达 120 万平方米，孵化企业数达 1580 家。三级孵化模式：形成了与企业初创期、成长期、扩展期相对应的研发办公场所、规模生产车间、产业化基地的"接力式"孵化体系。华苑科技园（环内）周边拥有各类科研院所 96 个，还有著名的南开大学、天津大学等多所高校，中高级科技人员为 3 万多人，在校本科生为 20 万人，研究生为 2 万多人。华苑科技园（环外）与园林生态型的天津市第三高教区相邻，城建学院、农学院、国际女子学院和宝德学院已落成，天津师范大学、天津理工大学的新校区也已建成并投入使用，南开大学、天津大学和天津工业大学的新校区将陆续建设。华苑科技园有企业博士后工作站 13 个，现有在站博士后研究人员 15 名。"两院"特聘专家 10 名，其中外籍院士 1 名；华苑科技园企业——天津新技术产业园区鼎名密封技术有限公司王玉明当选为中国工程院院士。依托华苑科技园及其周边众多的高校规划建设的津西技术创新基地已初露峥嵘。

（2）滨海科技园。滨海科技园地处东丽湖、黄港湖结合处，北至纬三道、津歧快速路、津汉快速路和北环铁路，东至唐津高速公路，南邻杨北公路、京津塘高速公路、津汕高速公路、津滨高速公路和滨海机场规划第三跑道，西至京津塘高速公路、津汕高速公路，交通便利，四通八达。滨海科技园肩负着滨海新区乃至整个环渤海区域经济发展的引擎、示范、带动和辐射任务。目标是要把滨海科技园建设成为科技资源聚集、自主创新能力强、带动滨海新区发展的领航区；成为促进技术进步和增强自主创新能力的重要载体；成为带动区域经济结构调整和经济增长方式转变的强大引擎；成为高新技术企业"走出去"参与国际竞争的服务平台；成为抢占世界高技术产业制高点的前沿阵地。为了建设好滨海科技园，滨海高新区工作主要从以下四方面展开：一是加快基础设施建设，尽快建成一流生态园林式的环境。二是强化政策引导。天津市政府先后出台了产业政策、人才政策和创新政策，这三大政策体系互为表里，从创新的各个节点下手，以前所未有的力度给创新创业以最大程度的政策扶植，如设立自主创新资金。自 2008 年起，每年安排 4 亿~5 亿元、五年累计不少于 20 亿元，用于支持自主创新和主导产业发展；同时正在发起设立 50 亿元的高新产业引导资金，全方位吸引人才、资金和技术，促进创新要素加速聚集。三是搭建创新平台。筹建滨海新能源产业技术研究院，在天津国家软件及服务外包基地建设集成电路设计中心，扩建软件与信息服务公共技术平台，组建一批产业技术联盟、产学研联盟、市场开拓联盟和风电行业协会等主导产业创新组织，用高水平创新平台"筑巢引凤"。四是建设人才平台。联合市科委、市教委、南开大学、天津大学等单位共同建设高标准的"天津软件与信息技术服务业人才培养基地"（大学软件园），同时加大各类高端人才引进、培养力度，特别是努力吸引留学生团队回国创业，并强化对外籍专家来区创业的支持力度，构筑天津市的人才高地。到 2013 年为止，已先后有中国航天科技集团公司的航天器制造及应用产业基地项目、广东明阳风力发电项目、天津药物研究院的创新研发转化基地项目、法国液化空气（中国）投资有限公司、大连华信计算机技术股份有限公司等先后落户滨海科技园，为滨海科技园未来的发展奠定了良好的基础。

（3）南开科技园。南开科技园位于天津市西南部，占地面积为 12.22 平方公里。南开科技园内有国内外著名的南开大学、天津大学、天津理工大学、天津广播电视大学等一批高等学府和天津药研院、航天机电集团三院八三五八所和四十六所、机械工业第五设计院、计算机所海水淡化所、激光所、物理所等一批国家和市级科研院所，有着十分丰富的教育、科研资源和兴办高新技术企业所需的人才资源。园内还有天津市科技创业服务中心、北方技术交易市场、天津科技贸易街、天津科研基地、南开工业园及鑫茂民营科技园、华侨创业园等一批适应高新技术企业发展需要的从事科研项目孵化、科技成果转化、科技贸易市场、科技产品市场和科技产品生产市场和科技产品生产加工基地。南开科技园坚持以企业为本的工作理念，把发展作为科技园永恒的主题，把创新作为科技园前进的不竭的动力。科技园管委会现有 5400 平方米的办公大楼，科苑大厦内设有近 800 平方米的高新技术企业办税服务大厅，近 700 平方米的经济服务大厅。为企业提供企业名称预先核准，高新技术企业资格初审，验资，企业设立登记，领取营业执照，代理刻制公章、法人代码证书，银行开户，统计登记，国地税登记、领取发票、报税，人事档案转存、代理社会保险、劳动用工，技术合同认定登记、代理专利申请、代理 ISO 标准认证、成果鉴定登记等"一门式"快捷服务。启动了具有"科技特区"特色的行政收费"零费区"工程，私企协会、园林、环卫、公安等部门不再收取园内企业的行政事业性费用。

（4）武清科技园。武清开发区于 1991 年 12 月 28 日设立，是经国务院批准的国家级经济技术开发区和国家级高新技术产业园区。总体规划面积为 93 平方公里。区位优势得天独厚，地处京津之间，距北京市区 71 公里、天津市区 25 公里、首都国际机场 90 公里、首都第二机场 45 公里、天津滨海国际机场 35 公里、天津港 71 公里。交通体系开放便捷，周边 10 分钟车程范围内有京津塘、京津、京沪、112 高速公路 4 条，高速公路出入口 5 个；有京津城际铁路经停站 1 处，京山铁路客运站、货运站各 1 处；103 国道、104 国道在开发区内通过；规划京、津地铁将在此处接驳。武清科技园自然生态环境良好，绿化率达到 40% 以上，在质量管理和环境管理方面通过了 ISO 国际标准认证。始终坚持环保铁门槛，新建企业环评率和"三同时"验收合格率均达到 100%。服务环境优质高效，开发区管委会对开发区实行"封闭式"管理，区内设有武清区行政许可服务中心、海关、检验检疫局和保税物流区，为企业提供"一站式"办公、"一条龙"服务，金融、法律、财务等商务服务机构齐全。配套功能设施完善，基础功能设施达到"十一通一平"，建有大型商务写字楼、星级酒店、栖仙公寓、高级会馆、廉租公寓、双语国际学校、连锁超市等。建区以来，武清开发区共吸引投资总额达 900 亿元（其中外资 78 亿美元），引入 50 个国家和地区的企业 1200 余家，其中有美国艾默生和英格索兰、法国苏伊士、日本东棉和住友、韩国 LG、中国中粮、中化、大唐等世界 500 强企业 20 家，有天狮、丹佛斯、南玻、信义玻璃、娃哈哈饮品、伊利奶制品、红日药业、戴纳派克、奥克斯、玉柴重工、蓝猫卡通传媒等国内外行业龙头企业 100 余家。高端制造业形成了电子信息、机械制造、生物医药、汽车及零部件、新材料、新能源六大主导产业，文化创意、动漫游戏、服务外包、金融、研发孵化、商贸物流、娱乐休闲等现代服务业和总部楼宇经济发展态势良好。各项主要经济指标年增长率一直保持在 30% 左右；累计实现地区生产总值 840 亿元，税收 283 亿元；解决直接就业 10 万余人；带动配套企业 200 多家，间接就业 3 万多人。已成为武清区对外开放的窗口，经济发展的主发动机，带动产业升级的龙头和安置就业的重要基地。

（5）北辰科技园。北辰科技园成立于 1992 年 7 月，分为南北两大发展区域，南区地处天津市区京津塘高速公路宜兴埠出口处，北区地处于京津公路引河桥北、九园公路两侧。北辰科技园是经国务院批准的全国 56 家高新技术产业园区之一，享受长期稳定的优惠政策。园区作为中国京津塘高速公路高新技术产业带的重要组成部分和天津高端制造业的重要基地，依据国家的产业政策确立发展目标：建立以高新技术产业为主导，重点开发机电一体化、汽车配件、新能源、生物医药和现代物流，并使第二产业、第三产业协调发展的外向型经济区域。北辰科技园致力创造优越的投资环境，提出"服务好一个企业等于制作了一份优秀投资指南"的服务理念，软环境建设已经形成了健全、高效、具有强大保障力的服务体系。金融、保险、税务、公安、消防、海关、商检、报关行、律师、会计师事务所、信贷担保中心等服务机构设置齐全，实行全方位、全过程的"一站式"服务。公共型的保税库、大型的储运仓库以及沃尔玛等国际知名物流公司的投入运营，使园区具备了庞大的保税物流服务体系。园区内实行管委会领导下的封闭式依法管理，做到"企业有事不撒手，企业无事不插手"。现已有24个国家和地区的260多家企业在园区投资建厂，其中包括美国沃尔玛、德国西门子、瑞士ABB、英国TI、韩国LG、日本丰田等16家世界500强企业。形成了八大支柱产业群体——以比利时汉森、德国西门子为龙头的新能源产业群体；以韩国LG为龙头的机电制造产业群体；以中国天士力为代表的生物制药产业群体；以日本高丘六和公司为代表的汽车配件产业群体；以香港比克电池公司为龙头的新材料产业群体；以香港华润集团为代表的食品饮料产业群体；以台湾正新轮胎为代表的橡胶制品产业群体；以美国沃尔玛公司为龙头的现代物流产业群体。八大产业的聚集优势为各企业落户园区提供了良好的配套条件，产业聚集效应日益显现，并以每年30%的发展速度递增。

（6）塘沽科技园。塘沽科技园成立于1993年1月，总体规划面积24.48平方公里。塘沽科技园目前已经初步形成以海洋高科技、复合新材料、机械制造、电子信息四大产业为主的产业群体，其中共有海洋类企业183家，涉及海洋石油、海洋化工、海洋生物工程等领域，海洋经济总产值占高新区总产值的60%。面向未来，塘沽科技园将努力建设成为塘沽经济跨越发展的龙头；成为天津滨海新区的高新技术产业聚集区；成为高度开放、功能完善、环境优美的中国海洋高新技术产业的示范窗口。

3. 开发区发展成效

在经济发展方面，截至2014年底，天津滨海高新技术产业开发区共计有工商注册企业7574家，其中当年新注册企业1174家，当年认定的高新技术企业63家，年末从业人员共计342824人，其中R&D人员全时当量为14583人，高技术服务从业人员38163人，留学归国人员2520人，外籍常驻人员3208人。2014年高新区占天津市生产总值的11%。高新区内研发机构共134家，创新服务机构共

22 家，科技企业孵化器和加速器内在孵企业 676 家①。天津滨海高新技术产业开发区企业 2014 年营业总收入 56744498 万元，高新技术产业总收入 7331261 万元；出口总金额 1058244 万元，技术服务出口额 16296 万元；全年净利润 5774251 万元；年末净资产 31993814 万元；劳动人员报酬共计 3132141 万元。在技术研发投入及创新方面，天津滨海高新技术产业开发区企业 R&D 经费内部支出 843711 万元，技术合同成交总额 2063616 万元；形成国家或行业标准以及参与制定的国际标准数量 215 件，拥有重要知识产权数量 21247 件，欧美日专利数以及境外注册商标数量 1071 件，境外技术研发机构 7 家。另外，高新区至 2014 年底累计建成 300 多个国家级和省部级研发中心，国家级科技产业化基地达到 20 家，科技型中小企业和科技小巨人企业分别达到 18201 家和 964 家，科技进步对经济增长的贡献率超过 60%。在对外开放方面，累计有 128 个国家和地区、29 个省市的企业落户新区，世界 500 强企业中有 139 家跨国公司在新区投资。2014 年，全年利用外资 123 亿美元，利用内资 892 亿元，外贸进出口总额 938 亿美元②。

4. 国家自主创新示范区建设

2014 年 12 月，国务院正式批复同意天津建设国家自主创新示范区。根据国务院《关于同意支持天津滨海高新技术产业开发区建设国家自主创新示范区的批复》，天津市进一步深化科技体制改革，广泛聚集国内外科技资源与创新要素，加快推进科技型中小企业发展，大力培育战略性新兴产业集群，培养引进高水平的创新人才队伍，构建富有活力的创新生态系统，努力建设具有国际影响力的产业创新中心和国家级区域创新中心③。到 2020 年，天津国家自主创新示范区将力争形成"一区多园"的创新发展格局，成为自主创新能力显著增强、高端新兴产业发达、创新和服务体系完善、高水平创新人才聚集、知识产权保护环境优良、创新生态环境优化、富有创新发展活力的创新型园区，成为创新主体集聚区、产业发展先导区、转型升级引领区、开放创新示范区。未来几年，天津国家自主创新示范区将面向全球聚集高端科技要素，加强与国内外院校和科研机构合作，着力引进世界 500 强企业的科研机构或研发中心，密切与北京市、河北省的科技合作交流，引进共建一批新型研发机构和产业化基地。为了更好地促进高校

---

① 国家科学技术部. 国家重点园区创新监测报告 2014［M］. 北京：科学技术文献出版社，2014.
② 国家发展和改革委员会. 国家级新区发展报告［M］. 北京：中国计划出版社，2015.
③ 天津国家自主创新示范区获批：形成一区多园格局［EB/OL］. 2016 - 01 - 10，中国日报，http://www. chinadaily. com. cn/dfpd/tj/2014 - 12/25/content_ 19168328. htm.

和科研院所科技成果转化，天津市将赋予市属事业单位科技成果处置自主权，取消所有审批和备案程序，科技人员带科技成果创办企业，给予政策性天使投资。推动企业建立创新机构、产学研协同创新平台，促进各类创新要素协同创新。建立创新创业绿色通道，在"千人计划"、"人才特殊支持计划"、"千企万人"支持计划和创新人才推进计划等方面给予重点支持。建立高水平创新型人才的服务绿卡制度，实施全方位、保姆式服务。健全创新机构与企业的人才档案，加强民营科技型企业人才职称评定，强化新型企业家培养。完善股权激励等政策，鼓励企业人才创新创业。建立高校和科研院所创新人才在示范区挂职、兼职制度，对选派的企业科技特派员给予支持。天津国家自主创新示范区将着力促进科技服务与科技金融便利化。重点支持产业技术创新战略联盟、各类协会等社会组织建设，促进研发、专利、检测检验、创业孵化、科技咨询等科技服务机构聚集发展，打造富有活力的创新生态系统。建立创新人才、创业辅导、融资服务一体的创新创业社区，促进科教资源向示范区聚集。设立科技信用贷款风险补偿资金、天使投资和创业投资引导基金、科技成果转化引导基金，大力发展科技信用贷款、科技担保、科技保险、科技租赁等，促进面向科技型小微企业的天使投资、科技众筹基金、创业风险投资基金等发展。鼓励企业股份制改造和上市发展。围绕建成具有国际影响力的产业创新中心战略目标，天津国家自主创新示范区将建立"一区多园"管理体制。以高新区为示范区核心区，在滨海高新区已有"一区五园"的基础上，各区县和部分功能区建设示范区分园，作为示范区的发展区，纳入全市空间发展和土地利用总体规划。

**二、泰达现代服务业产业化基地**

天津市泰达现代服务业产业化基地于 2010 年申报，2011 年正式获得科技部批准。基地占地近百万平方米，建筑面积为 150 万平方米，其中产业楼宇为 100 万平方米，生活配套及白领公寓等基础设施为 50 万平方米。自基地建成来，中软卓越信息技术有限公司、国家超级计算机天津中心、惠普数据中心工程公司、中星微电子、渤海银行总行后台中心、光大银行总行后台中心、天津重型装备研究、华信软件、文思信息技术有限公司等业内知名企业相继落户泰达服务外包产业园。政策扶持力度也不断加强，为扶持服务外包产业发展，开发区出台了《天津经济技术开发区促进服务外包发展的规定》，在财政预算中设立"泰达服务外包发展金"，加大对服务外包企业的支持力度，扩大政策覆盖面，形成了国家、天津市和开发区"三位一体"的政策扶持体系①。经过多年发展，泰达现代服务业产业化基地已达到一定规模，其中软件信息外包等领域在全国占有重要地位，拥有飞思卡尔等国内领军企业。截至 2012 年末，泰达服务外包产业园的入园企业已达到 60 家，在园人数达 5000 余人，"云赛云计算中心"、"一重研发中心"、"渤海银行后台中心"等项目相继投入运营。在基地综合实力快速提升的同时，产业结构进一步优化。以软件开发为代表的 ITO 占据产业的第一份额，以云计算为代表的新兴 BPO 开始加速聚集，初步形成泰达现代服务业产业化基地高端、高质、高新格局②。

2015 年"8·12"爆炸事件三个月后，2015 年 11 月 12 日，泰达服务外包产业园重新开园，中国铁塔股份有限公司天津市滨海分公司、天津云世界网络科技有限公司等 7 家公司作为外包园重新开园后首批落户及合作项目，将进一步助力开发区的"互联网 +"转型、改造及产学研合作等领域的长足发展。信息基础设施建设升级，服务区域向"互联网 +"转型。中国铁塔股份有限公司注册资金达 100 亿元，是经国务院同意、国资委批准，由中国移动、中国联通、中国电信按比例共同出资设立的大型通信基础设施综合服务企业。公司主营铁塔建设、维护、运营，基站机房、电源、空调配套设施和室内分布系统的建设、维护、运营等。中国铁塔股份有限公司天津市滨海分公司作为其分支机构，服务滨海新区、东丽区和宁河区，主要负责无线通信基站的建设和维护工作，打造高品质移动通信网络。目前，滨海铁塔已建设通信基站 300 余座，并与天津东丽区政府、天津高新技术开发区、中心商务区、大港油田等多个区域签订战略合作协议，将无线基站建设纳入区域城乡统筹规划。搭建云平台，力促传统产业"互联网 +"改造。天津云世界网络科技有限公司注册资金 5000 万元，团队综合了互联网、传统行业从业人员以及海外留学生，主要从事互联网电子商务平台的搭建和运营，致力于帮助传统实体商铺进行互联网转型。其运营的云世界网络平台采用 O2O 与 C2C 相结合的形式，开启了一种新型互联网消费模式，让产品质量和价格同时满足广大消费者。

工信部中国电子商务协会与中智商（北京）数据科技研究院有限公司共同

① 天津经济技术开发区. 开发区服务外包产业发展情况汇报［EB/OL］. 2016 - 01 - 10, http：// www. teda. gov. cn/html/teda_ index2011/TDZT/fuwb/fwwb. html.

② 天津市现代服务业发展领导小组办公室. 2013 天津服务业发展报告［M］. 天津：天津科学技术出版社, 2013.

投资成立的全域大数据产品中心注册资本 1 亿元，主要从事数据采集与存储服务、智能产品的开发应用、智慧城市设计、电脑动画设计、文化艺术活动的组织等，其运营的大数据产品创新和交易网络平台将集聚巨量数据产品，并通过 O2O 连接线上线下，引导、聚集大数据产业，创造一个多领域、跨国界的大数据中心。天津安果科技有限公司注册资金 4000 万元，主要从事软件开发、咨询、服务和转让等业务。公司在开发安卓和苹果平台软件产品方面经验丰富，对 PC 及 IOS 软件产品业务也有着深刻的了解，可为用户提供全方位、周到的技术研发支持。公司于 2013 年在开发区注册，得益于开发区全面的政策支持和优秀的营商环境，此次扩租后，将投入更多资源力争将公司提升到一个快速发展的新阶段。以应用为先导，开启产学研合作新模式。由解放军信息工程大学邬江兴院士及其科研团队领衔的天津市滨海新区信息技术创新中心落户开发区后，将采取"整体推进、分步实施"的方式，在引领信息安全和通信产业科技创新的基础上，开展军地科技合作，进行军民两用高端技术研发和国防科技成果转化。先期，将落户安全手机、RapidIo 交换芯片、军民融合拟态计算 HRPU 套片、可见光高速通信芯片和可见光短距离互联芯片 5 个重点项目。天津科技大学与天津市科技工作者创新创业服务中心分别与天津泰达科技发展集团展开合作，利用各自的场地空间，产业延伸和信息、服务资源优势以及资源整合、组织协调、服务成果转化和创业企业培育、人才培育、政策扶持等方面的经验和业务能力，通过建立院士工作站、组建服务中心的泰达分中心、组织创新创业活动等多种形式，加强与区域企业的交流与沟通，为开发区科技企业开展成果转化、创业培育、科技金融、法务咨询等相关支撑服务。"8·12"事件三个月后，泰达服务外包产业园即迎来了一批新企业的入驻、老企业的续租以及一系列合作协议的签署，这显示了投资人对外包园以及开发区营商环境的信任和认可，也为外包园的灾后发展注入了新的血液、树立了新的信心、增添了新的动力①。

### 三、麦谷产业园

2015 年 10 月，天津麦谷产业园是在国家大力发展高新科技产业化的战略背景下，依托京津冀一体化发展战略、天津国家自主创新示范区政策优势及天津高

---

① 天津市科技服务业协会. 泰达服务外包产业园又添发展新动力［EB/OL］. 2016 - 01 - 10, http://www. tstsw. org/javassf/hyxw/406. html.

科板块的高新科技产业资源构建的天津首个"互联网＋"产业园。园区已整合国家两化融合创新推进联盟、中国科学院国家技术转移中心、天津大学姚建铨院士领衔的"智慧物联信息技术研究院"、加拿大海外创新集团等专业机构及天津大学城10余所高校资源，在天津市首创了囊括高新科技产业、新能源、绿色环保产业在内的产业化发展平台。园区坐落于天津国家自主创新示范区精武镇学府高新区内，区内在建华北第一高楼富国高银117大厦，未来将成为国家自创区内的高新科技产业化新地标。区内交通便捷，拥有京沪城际高铁、天津地铁3号线及津沧、津晋等多条高速公路构成的三维交通网，确保实现"4小时国内南北互通，1小时走遍津城"的商务出行效果。区内近邻天津大学城，每年15万在校大学生规模，确保满足区内企业的精英人才需求，同时也成为天津高新科技板块内绝无仅有的"创新智库"和"创业之源"。目前园区已具备高精尖科研成果的转化、高新科技小微企业的创新创业孵化、企业资质评估、上市估值、高新科技企业投融资、技术发明、专利的申报、注册、评估、交易等一条龙服务功能。同时通过对天津市创新创业意向、需求及成果转化的大数据平台建设，为承接传统企业转型、高新科技企业创投、风投、新兴产业化合作及异地企业、资金与本土化高新科技成果的融合、落地等业务奠定了坚实的基础。未来园区将成为华北地区首屈一指的高新科技产业化发展平台。

**四、京津冀"互联网＋金融"创业创新孵化基地**

2015年10月，大唐电信与天津矿产资源交易所就共同建立京津冀"互联网＋金融"创业创新孵化基地签订战略合作协议，这是京津冀地区首家面向互联网金融领域的创业创新孵化基地。在国家大力推进"互联网＋"和"大众创业，万众创新"的大背景下，近年来我国互联网金融发展迅猛，新型机构不断涌现，市场规模持续扩大。互联网金融业在资金需求方与资金供给方之间提供了有别于传统银行业和证券市场的新渠道，提高了资金融通的效率，是现有金融体系的有益补充。在此背景下，大唐电信与天津矿产资源交易所进行全方位深度合作，共同建立京津冀"互联网＋金融"创业创新孵化基地，旨在共同推动中小企业的互联网金融发展，推动传统金融企业的转型和发展。

**五、执信（天津）科技企业孵化器**

2014年8月21日执信（天津）科技企业孵化器有限公司位于华明高新区低

碳产业基地，建筑面积为 11000 平方米，总投资为 6000 万元，是一家专业医疗健康产业孵化器。该孵化器一期 6700 平方米已投入使用，并引进了天津迪安执信检验所、拓瑞检验、橙信云、汇康新德等 16 家医疗、科技、互联网领域相关企业，正在谈判企业 21 家，企业入住率已近 90%。二期项目将于 2014 年底启动建设。孵化器将为医疗企业搭建市场、资本与科技的交互平台，发挥区位、渠道、专业三大优势，使各种技术项目得以聚集或淘洗，让实验品转变为规模化生产、销售的市场产品。"孵化器同时被授牌为天津青年创业基地，主要目的在于培养创新创业者面对市场需求的适应能力，实现产学研的转化。依托执信医疗覆盖全国的营销网络以及与医疗机构长达 20 余年的广泛合作基础，为创业基地企业提供从研发、生产、市场到销售的全面支持和增值服务。"

### 六、天津高新区软件园 BPO 基地

2013 年 9 月，华苑科技园电子商务产业基地建立，建筑面积达 60 万平方米，紧邻高银 117 大厦、高银马球会所、天津南站以及高速公路，有利于电子商务企业发展。据悉，高新区已经落户和正在洽谈的电子商务产业链项目中，包括一大批经营电子商务业务与电子商务产业密切相关的市场营销、第三方支付、移动互联网、信息安全、云计算、物联网技术等领域的企业。为促进电子商务产业发展，天津滨海高新区成立了跨部门的工作组，相关部门共同协作，结合给予电子商务企业的各类资金补贴和立项资金支持，为电子商务企业提供适宜发展的办公和产业环境，促进同行业、跨行业企业的对接与交流，促进电子商务产业链规模的快速提升。

### 七、天津滨海地理信息创新园二期暨北斗产业基地项目

2015 年 7 月启动的，北斗产业基地项目位于天津高新区未来科技城，项目总投资为 15 亿元，总建筑面积为 12 万平方米，预计两年后建成。建成后将实现北斗产业基地与天地图全球数据服务基地的标准化信息资源共享，通过整合国内外地理信息产业的资源优势，加速推进区域地理信息产业链的形成和产业化发展。

# 第三节　河北高新技术开发区

## 一、燕郊国家高新技术产业开发区

燕郊经济技术开发区于 1992 年 8 月经河北省人民政府批准设立，2010 年 11 月，经国务院批准升级为国家高新技术产业开发区。全区规划面积 180 平方公里，建成区面积 50 平方公里，总人口 50 万人。燕郊经济技术开发区具有得天独厚的区位优势。它位于"东部发展带"的关键节点，与朝阳 CBD、亦庄高新区、通州新城、顺义天竺空港工业区遥相呼应，是河北省加快推进环首都绿色经济圈建设的最前沿，能够接收北京科技、人才、资源的有效辐射。近年来，燕郊经济技术开发区保持了很好的发展势头，现已成为京东地区最富发展活力的投资热点，成为一个经济发达、科技进步、功能完善、社会文明、环境优美的现代化新区。2012 年度，河北省商务厅对 106 家省级以上开发区建设发展情况进行了综合评比，燕郊高新区综合评价与廊坊开发区并列第二，经济发展评价位居第一，已成为河北省培育环京津地区新的发展增长极的重要组成部分，经济实力显著增强。2012 年，燕郊高新区共完成地区生产总值 266 亿元，财政收入 51.34 亿元，实际利用外资 1.85 亿美元，出口总额 1.15 亿美元，工业总产值 354.2 亿元，工业增加值 125 亿元，固定资产投资 212 亿元。2013 年 1~10 月，共实现财政收入 55.08 亿元，实际利用外资 1.33 亿美元，固定资产投资 145.19 亿元，主营业务收入 993.3 亿元，出口总额 1.33 亿美元，工业总产值 332 亿元，工业增加值 112.87 亿元。共注册项目 445 个，总投资 9.58 亿元；在运作的千万元以上项目中，竣工项目 19 个，完成投资 17.255 亿元；开工在建项目 45 个，计划总投资 787.16 亿元；拟开工项目 23 个，计划总投资 405.94 亿元；谋划项目 39 个，计划总投资 585.34 亿元。全区经济实力继续壮大、企业活力显著增强、整体竞争力稳步提高，保持了又好又快的发展势头。

### 1. 基础设施日臻完善

城市化进程不断加快，形成了科学合理的功能分区、体系完备的城市规划、四通八达的交通道路网和健全完善的城市功能配套，已经建设成为初具规模的现代化中等城市。①确定了"两轴三带，三片四心"（两轴：燕郊城区发展主轴线和横向联系轴；三带：潮白河生态景观带、幸福渠绿廊绿带、交通走廊景观带；三片：燕郊主城区、燕郊健康城、燕郊科学城；四心：燕郊综合公共服务中心、行政文化中心、商贸中心、健康城娱乐休闲中心）的发展空间结构，城市实现通路、通电、通信、通暖、给水、排水、工业蒸汽、燃气、有线电视、宽带网和土地平整的高标准"十通一平"配套标准。②城市功能日益优化。全区教育体系完善，拥有 24 所中小学、多所幼儿园，师资力量雄厚，基础教育水平和办学条件位居河北前列。③设有完善的医疗机构，拥有有三级甲等医院一所，二级甲等医院五所，一级甲等医院三所，医疗服务便捷优越。④集中了各大金融机构服务网点，金融环境不断优化。⑤商业机构遍布区内，拥有沃尔玛、香港新世界百货等多家大型商场、超市、家电连锁，商业网点遍布区内。各类高档设施可充分满足会议、餐饮、休闲、娱乐要求。⑥认真落实惠民政策，千方百计提高人民群众生活水平。强化社会治安综合治理，建立了社会安全长效监管机制和应急救援体系。

2. 高端产业快速发展

燕郊高新区始终坚持"产业立区"战略，全力打造高新技术产业生态，积极发展高新技术产业，大力推动产业升级，实现产业聚集，是河北省通信与电子专用设备产业园区、廊坊市软件外包服务基地和廊坊市生物医药健康产业园区。形成了以电子信息、新能源、新材料、装备制造、生物医药、绿色食品为主的高新技术产业和以休闲旅游、现代物流、健康医疗、文化创意为主的现代服务业双轮驱动的产业体系，拥有多个中国乃至世界之最的龙头项目。服务环境日益优化。秉承"客商是上帝、服务是生命、创新是灵魂"的服务理念，积极创建国内一流投资服务区，为客商提供一站式审批、一条龙服务、经常化走访的"全天候、零障碍、低成本、高回报"服务，全面提升园区综合环境。设立了行政审批服务中心，已进驻的廊坊市直属及燕郊高新区直属部门有 23 个，开设对外服务窗口 70 个，可办理行政审批和服务事项 163 项，实行"一厅式"集中办公、"一网式"协同审批、"一站式"便民服务的运作模式。建立了完善的后期服务体系，每月召开一次企业联络员例会，现场办公解决问题。

3. 创新体系更加完善

按照"创新驱动，战略提升"的总体部署，不断加强科技创新平台建设，提高自主创新能力，实现创新驱动发展。区内有中直单位 38 家、科研机构 20 余家、高等院校 8 所，拥有各类专业人才 2 万余名，正在接受高等教育的人员 8 万余人，高素质人口密度达到 33.3%。创业中心与区内企业家合作推出了创业谷、创业城项目，力争两年内将创新孵化面积从目前的 2.3 万平方米扩充到 20 万平方米以上。建立了高新区企业与高校、科研机构全面合作和对接的工作机制，促进产学研结合，实现多家企业与高等院校和科研院所达成签约项目。发挥创业中心高新技术孵化的核心作用，已累计孵化企业 244 家，其中在孵企业 88 家，毕业企业 29 家。面向未来，燕郊高新区将围绕发展高科技，实现产业化的定位，按照布局集中、产业集聚、用地集约、特色鲜明、配套完善的要求，着力自主创新，完善体制机制，努力成为促进技术进步和增强自主创新能力的重要载体，成为带动区域经济结构调整和经济发展方式转变的强大引擎，成为高新技术企业"走出去"参与国际竞争的服务平台，成为抢占世界高新技术产业制高点的前沿阵地，为"高端发展，绿色崛起"做出自己的贡献①。

4. 园区电子信息产业发展势头良好

区内拥有中国最大的通信设备制造商之——中兴通讯股份有限公司兴建的北方产业基地，拥有全球最大的汉字输入手写板生产基地、中国民族自主知识产权的旗帜——汉王制造有限公司。电子科技集团第 45 研究所从事各类微电子、电子元件专用设备和光机电计算机一体化设备研究、开发和制造，主要生产光刻机、微电子产品、电子后封装设备、电子检测等高端设备；第 39 所钣金柔性设计制造中心拥有先进的设计软件研发系统、生产经营管理系统、制造系统和国际一流的钣金 FMS 柔性生产线。从事光通信器件的研发、生产和销售的北京世维通光通讯技术有限公司，荣膺 2008 年度国家科学技术进步奖的最高荣誉——特等奖。园区软件及服务外包业近年来也有较大的发展。以中兴通讯北方产业基地的建设和燕郊东湖创业孵化器为平台，充分利用毗邻中关村的优势，燕郊高新区引进和培育了一批以软件设计、人才培训为主导业务的服务外包项目。中兴燕郊软件技术有限公司主要从事 3G 手机设计、制造和生产，可视电话等个人基本通信的应用。华通科技有限公司是业内第一批推出"基于 CMMB 的手机电视解决方案"的厂商之一，独立研发了移动多媒体广播软硬件平台。环波软件有限公司开发拥有独立知识产权的软件产品，从应用的基本功能上可分为坐标工具、数据

---

① 燕郊国家高新技术产业开发区情况介绍［EB/OL］. 2014 - 05 - 09，新浪网，http：//hebei. sina. com. cn/lf/focus/2014 - 05 - 09/14433220. html.

集成应用系统、变速空校成图系统、地震微机深度域解释系统四类，已达到国际领先水平。燕郊高新区被认定为河北省信息产业园区，是全省首家软件产业基地和软件产品出口基地。

## 二、石家庄高新技术开发区

石家庄高新技术产业开发区是 1991 年 3 月经国务院批准设立的首批国家级高新区之一。目前，高新区下辖两个街道、两个镇和科技创业园区，共 26 个行政村、14 个社区，行政管辖面积 75 平方公里，常住人口约 28 万人。经过 24 年的发展建设，高新区已发展成为环境优美、形象亮丽，配套齐全、功能完善，产业特色鲜明、创新文化浓厚、社会和谐稳定的城市建设示范区、高新技术产业聚集区、对外开放主导区和科学发展先导区。全区各类企业有 5000 多家，其中，工业企业 1500 多家，外商投资企业 78 家，高新技术企业 175 家，科技型中小企业 680 家，上市企业 24 家。其中，以以岭药业等为代表的 180 多家生物医药企业（规模以上企业 30 家）占总产值比重 41%；以中国电子科技集团第 54 所（以下简称 54 所）、中国电子科技集团第 13 所（以下简称 13 所）为代表的 160 多家电子信息企业（规模以上企业 40 家）占总产值比重 19.2%；以国祥制冷、博深工具等为代表的 130 多家先进装备制造企业（规模以上企业 60 家）占总产值比重 29.5%。在重点骨干企业中，54 所、13 所代表河北省通信和微电子技术领域的最高水平。

2014 年，全区营业总收入完成 1740 亿元，同比增长 16%；工业总产值完成 1107 亿元，同比增长 10.5%；地区生产总值完成 172 亿元，同比增长 12%。规模以上工业增加值完成 109.9 亿元，同比增长 12.4%；利润完成 46.5 亿元，同比增长 25.2%；利税 190 亿元，同比增长 15%。固定资产投资完成 212.3 亿元，同比增长 19.3%；万元工业增加值能耗同比下降 11%。全部财政收入完成 40.81 亿元，同比增长 23.25%，其中一般公共预算收入完成 20.57 亿元，同比增长 31.64%。2015 年以来，高新区加大对各种企业的帮扶力度，重点项目建设也正有力推进。截至 7 月，全区已完成 2 批项目集中开工，第一批集中开工 11 个项目，占地 1660 亩，计划投资 35 亿元，竣工投产后预计年可新增销售收入 84.27 亿元，实现利税 21.76 亿元。石家庄高新区科技资源丰富，创新能力强。区内拥有市级以上的企业技术中心和工程技术研究中心 81 家，其中国家级 8 家，省级 28 家，市级 45 家。已建成孵化器 15 家，其中高新区创业中心、科技中心、方大科技园和省创业基地等 4 家为国家级孵化器，各类孵化器孵化场地面积超过 100 万平方米。石家庄高新区拥有全国首批科技服务业区域试点、国家级创业中心、国家级博士后工作站等近 20 个国字号品牌。石家庄高新技术开发区围绕主导产业集群，吸引京津产业项目不断落户开发区。目前，开发区已形成生物医药产业、电子信息产业、高端装备制造产业、现代服务业四大主导产业集群。

石家庄高新区依托石家庄国家级软件产业基地，重点发展电子政务和信息安全软件、通信软件、行业应用软件；加强与中关村软件园合作，积极承接产业转移和软件外包业务；大力发展以计算机信息系统集成、服务器托管和信息系统运维、地理信息、电子商务、现代物流、信息基础设施外包、呼叫中心为主体的综合信息服务业。依托中国电科石家庄产业基地，加快卫星应用产业发展，推进卫星导航运营中心、测试认证中心、研发中心和卫星导航产品生产基地建设。另外，依托高校、科研院所，加强射频识别、传感网、机对机通信、电子产品等物联网关键技术的研发和攻关，强化技术对产业的支撑引领作用，在传感器与电子标签及配套的接口装置等方面形成一定产业规模。扶持一批具有先进商业模式的物联网运营和服务企业，聚集一批具有自主创新能力和高端技术的关联企业，初步形成较为完善的物联网产业体系和较为合理的产业布局。目前，孵化区已建成孵化面积 15 万平方米，入驻企业 200 余家，通过双软认证的企业近百家，基地支撑服务体系有软件开发综合服务平台、石家庄软件园企业联盟、IT 人才实训基地、河北省大学生创业示范基地。预计到"十二五"末期，形成年销售收入 300 亿元以上的产业规模①。

### 三、石家庄信息产业基地

石家庄信息产业基地是石家庄市政府确定的石家庄"五大产业基地"之一，基地于 2005 年在鹿泉开工建设，规划面积 3380 亩，主要依托 13 所、54 所，采用科研孵化、成果转化和合资、合作、招商引资等形式培育和建设一批技术水平高、市场前景好、产业规模大的信息产业项目②。石家庄信息产业基地重点发展微电子、半导体照明产业和通信、卫星导航产业，是国家科技部认定的全国七个"国家半导体照明产业化示范基地"之一，是河北省信息产业厅认定的通信与微

---

① 石家庄高新技术开发区. 石家庄国家高新区简介［EB/OL］. 2014 - 05 - 09, http：//www. shidz. com/gxgk/index. jsp.

② 中工招商. 石家庄信息产业基地［EB/OL］. 2016 - 01 - 01, http：//shijiao94. y. zhaoshang800. com/.

电子产业园区。截至目前，基地累计完成投资 60 亿元，建成企业 40 家，主要包括河北普兴电子材料有限公司、河北博威集成电路有限公司、河北远东哈里斯通信有限公司、河北远东通信系统工程有限公司、同辉电子科技股份有限公司等。

信息产业基地规划面积 11.51 平方公里，目前建成区域面积 2.08 平方公里。基地目前共有企业 21 家，其中 13 所 8 家，分别是普兴电子、博威集成电路、同辉电子、立德电子、河北神通、中瓷公司、英沃泰、项目管理公司。54 所 4 家，分别是远东通信系统工程、远东哈里斯通信、深圳远东华强导航定位、神舟卫星通信。两所之外 9 家，分别是金智科技、达阳汽车电子、长安电信、博宇设备、科林电器、澳克莱电子冰箱、超亚电子、惠得科技、博信通信。企业主营业务收入全部都在 2000 万元以上。2011 年，信息产业基地实现主营业务收入 24.3 亿元，工业增加值 7.36 亿元，利税 2.7 亿元，分别比 2010 年增长 27%、35% 和 36%①。2011 年 5 月 29 日，在由石家庄信息产业基地管委会组织召开的"石家庄·中国半导体光谷专家论证会"上确定了将石家庄信息产业基地打造为石家庄中国半导体光谷的建设目标，同时该基地也被河北省政府纳入"十二五"期间重点培育的千亿元级园区。2015 年 4 月 6 日，由河北华隆集团重资打造的"冀商·硅谷"光机电企业产学研总部基地开工奠基仪式在鹿泉区举行。"冀商·硅谷"项目分为企业定制区、总部商务区、科研办公区、商务配套区和孵化区五大产业集群，将构成产、学、研一体的高科技产业园区。整个园区重点引进光伏新能源、环保、电子信息、电子商务、精密机械等优势产业，该项目建成后，预计可容纳 50 多家企业，年产值达 20 亿元，提供 800 多个就业岗位。同时具备承接京津冀一体化产业转移和产业落地功能。在石家庄信息产业基地，光谷科技园已签约入驻数英仪器、立翔慧科等 26 家科技型企业，河北华源电子鹿岛 V 谷工业园年底将竣工，军鼎国际研创企业港、科瀛创新产业园、福建中小企业科技园等园区都已成为中小科技企业的"最佳孵化器"。

### 四、廊坊经济技术开发区

廊坊经济技术开发区地处环渤海经济圈、环京津经济圈的中心，大北京规划圈的腹地，位于京津塘高速公路廊坊出入口处，于 1992 年 6 月 26 日正式开始建

---

① 石家庄信息产业基地［EB/OL］. 2016 - 01 - 01，河北园区招商网，http://hb. cnipai. com/park/6242/detail/.

设。2009 年 7 月 20 日，国务院批准升级为国家级开发区，现辖区面积为 69.4 平方公里，规划面积为 38 平方公里，已开发土地面积 26 平方公里，辖 20 个行政村，区内总人口近 16 万人。建区以来，廊坊开发区以国家级开发区发展方针为指导，按照国际化产业新城区和国家一流开发区的发展定位，不断加快对外对内开放，经济和社会事业实现了快速、健康、协调发展，被列为"中国青年科技创新活动示范基地"、"国家火炬计划廊坊信息产业基地"、"全国模范劳动关系和谐工业园区"和"河北省服务外包示范区"，成为廊坊乃至全省对外开放的重要窗口、园区建设的排头兵、经济发展的增长极和对接京津的桥头堡。考虑到土地、成本、合作、维护等多方面原因，云存储中心不适合放在中心城市，但又不能距离中心城市太远。设备散热需求也对数据中心所在地的自然环境有一定的要求。位于京津唐中心、土地成本低、温度适应等诸多优势，使廊坊成为大数据中心的理想选择地。在地区功能定位方面，廊坊开发区依托润泽信息港项目，启动了廊坊开发区云存储数据中心产业园的规划建设，着力打造世界一流、亚洲最大的国家级云存储数据中心产业基地。廊坊以中国联通华北（廊坊）基地、润泽国际信息港、信和服务外包基地、华为廊坊产业基地（华为技术服务公司）、中太现代服务业基地、燕郊软件园、中科廊坊科技谷为支撑，加强与京津地区高等院校、科研机构和国内外高端企业集团的合作，在云计算服务、基础设施服务、数据加工与处理、行业应用软件和平台服务、物联网信息服务、软件与信息外包服务等方面形成竞争优势。增强基地服务功能和产业聚集能力，建成京津冀电子信息走廊信息服务核心区，打造国内数据产业名城，到"十二五"末期，形成年销售收入 300 亿元以上产业规模。目前多家云基地都选择在廊坊落户。除了最早落户三河市燕郊的北京光环新网科技有限公司，在建的中国联通华北（廊坊）基地项目将成为中国联通在华北最大的综合信息服务基地①。

### 五、秦皇岛数据产业基地

2008 年 10 月，秦皇岛经济技术开发区设立了全国首个数据产业基地，目前已吸引 IBM、惠普、中科院计算所、中国联通等 10 多家国际国内知名企业落户。秦皇岛数据产业基地以引领数据产业发展、打造数据产业集群为宗旨，以实现

---

① 廊坊打造云基地［EB/OL］. 2014 - 05 - 22，新华网，http：//news. xinhuanet. com/info/2014 - 05/22/c_ 133352428. htm.

"库公司"、"数公司"、"线公司"组成的数据产业链，集数字技术、数字网络、数据分析、数据管理、数据服务、呼叫中心、新媒体、创意动漫等新兴产业于一体，提供数据安全、容灾备份、项目孵化、人才培育等基础工程与产业环境为发展目标，成为我国年轻的数据产业发源地，以此推动我国数据产业迅速发展。前景远大、立意深远的秦皇岛·数谷成为继美国硅谷、中关村IT产业园区、太阳谷之后世界瞩目的又一亮点。秦皇岛数据产业基地位于秦皇岛开发区西区，规划面积为8.07平方公里。2009年5月，秦皇岛数据产业基地被河北省认定为"河北省高新技术区域特色产业基地"。依托燕山大学国家科技园、IBM（秦皇岛）物联网技术中心、数据产业研究院、北京大学数据产业研发中心和北戴河硅谷湾，优先发展数据服务业，大力培育数据内容业，鼓励发展数据软硬件研发及制造业，配套发展相关教育培训产业，继续扶持医疗电子、智能控制、安防与楼宇自控、智能家居、企业管理、社会保障等各类应用软件和系统集成发展，加快推进港口综合管理与服务、远程健康咨询、电梯远程数据管理等信息技术平台和服务外包平台建设，积极培育建设多个具备数据存储、数据灾备、数据挖掘分析处理和流通服务等功能的数据中心，建成集数据传输与服务、应用软件、云计算、物联网技术和三维互联网技术于一体的数据产业集群，推进数据产业名城建设，打造中国"数谷"、"数据产业创新示范区"，建成中国北方规模最大、特色明显、布局合理、关联配套、竞争力强的数据产业集群。到"十二五"末期，形成年销售收入150亿元以上产业规模。

### 六、唐山工业软件应用与产业化示范基地

河北省软件与信息服务业"十二五"发展规划中指出，围绕建设国家级信息化与工业化融合示范区，以唐山高新技术产业园区升级为国家级高新区为契机，积极打造和推进唐山工业软件应用与产业化示范基地建设。根据唐山五大主导产业巨大的信息化改造需求，依托陆凯科技、微尔、汇中等龙头企业，重点发展行业管理软件、工业控制软件、信息安全软件、网络应用软件、数据库管理应用软件等。谋划和实施唐山软件园建设，重点推进IDC项目建设，积极引进东软集团、神州数码等国内外知名企业和科研机构落户园区，打造集产、学、研、服务于一体的综合性园区。推进"数字家庭"和多业务平台等技术的研发、应用和产业化。到"十二五"末期，形成年销售收入100亿元以上产业规模。

### 七、唐山高新区

唐山高新技术产业开发区成立于 1992 年 4 月，同年 5 月和 7 月被省政府批准为省级高新技术开发区和经济技术开发区。2005 年 12 月，经国家发改委审核批准更名为唐山高新技术产业开发区。2010 年 11 月 29 日，经国务院批准升级为国家高新技术产业开发区。高新区最初的规划面积是 4.5 平方公里，2009 年 7 月，经省政府批准，规划面积扩展至 31 平方公里，现辖 2 个办事处、20 个行政村、13 个居委会，总人口约 12 万人①。唐山国家高新区位于唐山市中心区北部，总规划面积 31 平方公里。唐山高新区是河北省经济发展质量最好的开发区，是唐山市自主创新能力最强的区域，集中了全市 50% 的高新技术企业和 90% 的软件企业。2015 年，唐山高新区大力实施创新驱动战略，以提升区域自主创新能力为目标，积极融入京津冀协同发展大格局中，以建立完善的科技创新体系为抓手，以科技项目管理、科技创新主体和平台培育、特色产业基地建设、科技创新服务优化、知识产权等工作为重点，全力推进科技创新，不断提升高新技术产业在促进转型升级中的作用，取得明显工作成效。预计全年实现地区生产总值 118 亿元，同比增长 10%；营业总收入 550 亿元，同比增长 11%；固定资产投资 81 亿元，同比增长 25%；高新技术产业产值 165 亿元，同比增长 11%；实际利用外资 9000 万美元，同比持平；出口总值 3.6 亿美元，同比增长 8.5%；公共财政收入 8.28 亿元，同比持平。各项指标增速位居全市前列。2016 年 1 月，国际产学研合作唐山基地落户高新区，为推动与韩国韩博大学在"政产学研金介用"等各领域的合作搭建起了桥梁和纽带，推动了韩国特别是韩博大学的高新技术项目在高新区实现产业化并在全市、全省对韩经济技术交流合作中发挥辐射带动作用。

1. 创新体系不断完善

（1）不断加大投入力度，创新平台建设得到不断发展。2015 年全年全区科技财政投入为 3600 万元，占财政预算投入比重为 7.2%。《唐山高新区产业发展规划》已印发执行。中科院唐山高新技术研究与转化中心已成为集研发、中试、转化、集成于一体的平台型技术创新与产业服务机构，成为环渤海经济圈高新技术成果转移转化基地。国家火炬计划焊接和机器人两个特色产业基地实现平稳较

---

① 百度百科，http://baike.baidu.com/item/.

快发展。拥有孵化面积 8.2 万平方米的唐山国家级创业中心在孵企业 187 家，累计孵化中小科技企业突破 450 家。孵化器、众创空间建设工作取得新突破，新认定省级孵化器一家，省众创空间 2 家，市众创空间 6 家，4 家纳入孵化器、众创空间引导培育计划；形成了政府引导、市场主导、企业主体、社会参与建设的大型专业孵化器基地，孵化总面积已达十几万平方米；在软件园一期投入使用基础上，软件园二期建设进展顺利，完工后软件园总面积将达到 10 万平方米，将建成全省最大的服务外包产业基地、文化创意产业基地、软件产业基地。此外，正在谋划建设的还有唐山建华高新技术工业园、华电科技企业孵化器等 3 个民营企业孵化器。设立了 1000 万元的孵化基金，年度扶持企业 3 家；集科技政策信息服务、科技项目管理、科技企业及产品宣传推介和科技型企业即时管理于一体的高新区科技服务平台正式上线运行，同时，在高新区网站建立了创新创业专栏，实现平台与高新区网站的有效链接与优势互补；与河北工业大学、天津大学、天津科技大学、河北科技大学、华北理工大学等共建工业研究院、研发中心和产学研转化基地，聘请了国家"千人计划"机器人技术领军专家马书根为高新区机器人领域特聘专家，创新要素集成和技术转移水平迈上新台阶。

（2）强化项目申报等服务，企业自主创新能力不断增强。2015 年，组织申报国家、省、市各级各类项目 121 项，其中国家项目 12 项，省项目 45 项，市项目 64 项。共获得财政资金支持 5230 万元，8 家企业申报 2015 年河北省和唐山市科技进步奖，8 个项目获得奖项，其中省三等奖 1 项，市一等奖 2 项、二等奖 5 项、三等奖 1 项。已累计认定各级各类研发机构 79 家。累计授权专利超过 2000 项，区内企业在不同领域创造了 40 多项"全国第一"，名牌产品和著名商标不断涌现。2 家企业获得中国驰名商标，截至目前，高新区会集各类专业机构研发人员超过 4000 人，高层次人才 45 名，聚集各类领军人才 5 名。拓又达公司负责人赵欣在中央人才工作协调小组办公室公布的首批"国家高层次人才特殊支持计划"名单中被评为科技创业领军人才，河北省仅此一人。2015 年，昱卓贸易、华发教育科技 2 家企业在新三板挂牌，进一步拓宽了科技型企业发展融资渠道。

2. 高新技术产业不断发展

（1）高新技术产业发展迅速。2015 年全年，全区预计完成高新技术产业产值 165 亿元，占全区规模以上工业产值比重达 63%。注册省科技型企业 400 家，在原有六大特色产业的基础上，瞄准国家加快培育和发展战略性新兴产业的重点方向，逐步形成了高端装备制造、新一代信息技术、生物医药、新能源、节能环保、新材料六大战略性新兴产业，并迅速发展壮大。其中机器人产业异军突起，2015 年完成产值 45 亿元，同比增长 13%，预计 2017 年产值过百亿，成为高新区重要经济增长极。

（2）创新型产业集群集聚发展。高新区已集聚 80 家外资企业，8 家世界 500 强企业。"一园两基地"成为高新区产业集聚发展的亮丽品牌。"一园"为日资工业园：共有 23 家日资企业，使其成为河北省日资企业最集中的区域。"两基地"为焊接产业基地和汽车零部件产业基地：国家火炬计划唐山焊接产业基地现有企业 18 家，产品涵盖了焊接设备、机器人及其系统、切割设备、焊接材料及辅助机具等各个领域，是国内规模最大、产业链条最为完备的焊接产业集群；汽车零部件产业基地拥有骨干企业 8 家。机器人产业基地现有骨干企业 30 家，唐山松下引进机器人本体生产线，实现了焊接机器人在基地内的生产突破；开诚完成与中信重工的资本融合，拓展了更大的市场空间和资金支持，为打造全国最大的专用机器人研发制造基地奠定了坚实基础。

3. 高新技术和先进适用技术改造提升传统产业作用日益增强

唐山高新区很多自主研发成果除填补国内空白外，也加速实现了产业化进程，并直接带动了煤炭、钢铁等产业的转型升级，一些新兴产业崭露头角。开诚集团自主研发的矿用潜水机器人、矿用抢险探测机器人等项目，技术国内国际领先，已实现产业化生产，对煤矿安全具有重大意义。在新材料方面，石墨烯产业呈现高速发展态势。唐山高新区石墨烯产业建设，起步于 2013 年初，集群以唐山建华实业集团为核心，通过技术引进、成果转化、孵化器企业孵化，以"技术成果＋资本"与石墨烯相关产业结合，探索了一条"创客空间＋孵化器＋科技成果＋资本＋金融＋市场"推动新兴产业快速形成和发展的新模式。为加快石墨烯领域技术研发，唐山建华实业集团先后设立了河北省石墨烯产业院士工作站、唐山建华实业集团石墨烯材料工程技术研究中心等研发机构，并与中国工程院、中国航天科技集团、北京有色金属研究总院、北京交通大学、澳大利亚莫纳什大学、美国罗马琳达大学等多家国内外石墨烯高精尖技术的汇集单位建立了合作关系。形成石墨烯量产技术、石墨烯材料复合技术以及石墨烯涂布技术等 20 多项技术成果。现有石墨烯相关企业 14 家，产品涉及石墨烯批量制备、烯润润滑油、烯客家族空气净化喷剂等。12 月 20 日，京津冀石墨烯产业联盟在北京正式成立。该联盟由中国石墨烯产业技术创新战略联盟和唐山高新区管委会倡导，中关村华清石墨烯产业技术创新联盟、东旭集团等 100 余家京津冀从事石墨烯研发、产业化单位发起。2012 年 3 月 30 日，唐山高新区软件园项目开工奠基。高新区软件园占地面积 50 亩，总投资 3 亿元，建筑面积 10 万平方米。唐山高新区软件园在满足软件企业办公、研发、物业、网络通信等基本服务功能外，还具备为软件企业、服务业外包企业提供公共服务的功能平台。唐山高新区软件园项目重点建设四个专业公共服务平台：一是公共网络平台，主要是接入宽带网或国家骨干网，购置服务器，为入驻企业提供上网和网站建设服务以及相关的托管业务和数据库服务；二是培训平台，通过与专业培训机构和大学的合作，为企业提供专业技术资格资质培训、认证培训、继续教育和技术升级培训；三是专业技术平台，通过建设工具库、构件库和开放源码库，搭建公共实验室平台和嵌入式软件技术服务平台，为软件企业的研发、管理、检测、后期服务提供全方位的技术支持和服务；四是投融资平台，通过建立和引进各类金融服务机构，为园区企业提供金融服务产品，支持进驻企业快速做大做强。唐山高新区软件园项目分两期建设，目前，建筑面积为 1.9 万平方米的一期工程已投入使用，并有中韩高新技术转化基地、英莱科技、北京盛世光明、上海京颐等 17 家机构或企业入驻，涉及软件开发、物联网、机器人、云计算、智慧医疗、智慧社区、文化创意等战略性新兴产业，企业入驻率达到 90% 以上。2015 年 4 月，唐山高新区软件园二期项目已开槽动工。该项目由唐山福远科技有限公司投资建设，占地 38 亩，总投资 2.5 亿元，建筑面积 5.2 万平方米，主要包括软件研发大楼、软件产业楼、软件服务中心等，建成后可为软件和服务外包企业提供集约化、专业化服务，实现技术资源和公共服务资源共享，提升软件企业的聚集度。据悉，高新区将进一步加大对软件企业的支持力度，力争在不久的将来把高新区软件园打造成国家级软件园，并成为河北省最大的软件产业基地、京东地区最具影响力的信息化产业基地。

**八、保定高新技术产业开发区**

保定国家高新技术产业开发区是 1992 年经国务院批准设立的 54 个国家级高新区之一，调整为"一区三园"即中心科技园、华北工业园（东区）、八达工业园（西区），规划面积 12 平方公里。近两年来，保定围绕打造中国电谷，构建国家可再生能源产业战略发展平台，逐步确立了自身发展低碳经济的基础与领先优势。目前，中国电谷可再生能源企业已超过 160 余家，连续三年增长率超过 50%；2007 年实现工业销售收入 160 亿元，出口创汇 4.3 亿美元。龙头企业英利集团，建成了世界领先的全产业链多晶硅电池体系，2012 年、2013 年两年出货量连续位居全球第一，2014年预计出货量约3.7兆瓦，继续保持全球第一的领先优势。风电产业体系完备：涵盖整机、叶片、控制系统等关键产业链条，整机产能突破1500台，其中国电联合动力公司连续保持中国风电整机行业前三强的地位。电力装备制造优势突出：以世界著名的超大变压器制造商天威集团为龙头的输变电产业、以风帆锂电为龙头的新型储电产业和以四方三伊、天河电子等为代表的高成长性电力装备制造企业集群快速发展，同时吸引了日本三菱、美国江森、中国国电、中国兵装、中航集团等知名企业投资入驻，电谷产业集聚效应充分显现。政策平台形成强大支撑：中国电谷的辐射带动优势，得到了国家发改委、科技部、国家能源局等部委的高度关注与支持，近年来先后获批国家可再生能源产业化基地、国家新能源高技术产业基地等10个国家级称号。创新是持续发展的不竭动力：为营造创新环境，保定高新区以建设国家级创新型特色园区为契机，依托保定高校、科研院所密集的人力资源优势，进一步完善创新奖励政策体系，狠抓公共服务平台和产学研合作基地建设，为中国电谷创新驱动、升级发展蓄积力量。创建国家级创新型特色园区，以科技部"一个行动、两项工程"为指引，大力推进创新型特色园区建设。新能源与智能电网装备创新型产业集群获批列入国家首批十个创新型产业集群试点之后，保定高新区深入实施产业集聚、创新驱动战略，创新启动了中国电谷新能源与智能电网产业技术创新战略联盟建设，实现了高校与电谷骨干企业的强强联合，有力激发了创新活力。建设高端公共创新服务体系：发挥企业创新主体优势，推动国家级创新平台建设：截至目前，保定高新区共拥有6个国家级重点实验室，6个国家级企业技术中心，14个省级技术中心，25个高新区级企业技术中心；拥有国家级质量检测中心和各级专业研究所等一批新型科研机构。加速产学研合作平台建设。2014年，保定电谷大学科技园正式获批国家级大学科技园，成为河北省首家"地校共建"国家大学科技园。完善创新人才引入体系：通过搭建人才引进平台、制定优惠留人政策和重奖创新创业人员等措施，全面实施人才优先发展战略，创优人才发展环境，完善人才培养体系，吸引了大批海内外优秀人才来高新区创业发展。搭建创新型企业成长平台：根据科技型、创新型中小企业发展特点，采取"创业中心—火炬园—企业自主发展园区"三级跳模式，使企业在不同发展阶段，均找到适宜的发展环境，进一步促进了创新型中小企业的快速发展。构建科技金融发展平台：一是加强金融生态环境建设，为银企合作创造良好的外部条件。二是积极发展创业风险投资。截至目前，创投中心累计支持中小企业13家，累计投资6780

万元，对外投资余额 2937 万元。三是积极引导科技小额贷款。四是积极推进融资担保工作。五是积极推动企业上市融资。依托"中国电谷"、保定软件园和华北电力大学，以服务智能电网产业体系为基础，以电力电子软件发展为重点，推动新型储能、智能输变电、节能环保等电力装备和电力传输设备的自动化、智能化发展。加快智能电网技术发展，推动电力电子软件企业联盟发展和战略重组，打造具有较强竞争力的国内重要的嵌入式电力软件产品制造基地，到"十二五"末期，形成 50 亿元以上产业规模。

### 九、承德智能化仪器仪表基地

承德市是国内著名的仪器仪表制造基地，承德智能化仪器仪表制造产业起步于 20 世纪 70 年代末，80 年代曾被外界誉为"仪表城"。2011 年底，承德市智能化仪器仪表生产企业已发展到近 100 家，从业人员 4000 多人，实现销售收入 11 亿元。流量计、称重仪表及系统、非金属材料试验机、公用计量仪表、工业自动控制系统领域的综合研发和生产能力在行业内具有较高知名度，有较大的发展潜力和区域优势，被国家科技部批准授予"国家火炬计划承德仪器仪表产业基地"称号。"承德智能化仪器仪表产业基地"已被列为河北省信息产业三大基地之一。该基地总投资 7.4 亿元，作为河北省信息产业的四大基地之一和省重点建设项目已入驻承德高新区。目前，承德智能化仪器仪表制造企业已达 130 多家，企业资产总规模 13 亿元，就业人数 1.3 万人，2010 年实现销售收入 30 多亿元，利税 4.6 亿元。自动化计量仪表、电子衡器和称重设备、非金属材料试验设备、民用水电气表、自动化控制系统五大领域已经形成重点的高新技术产业集群。推动智能化仪器仪表产品、软件产品与传统优势产业结合，鼓励企业间开展专业分工协作，提高对接配套和系统集成能力，逐步向成套化、规模化、提供整体解决方案推进。抓住国家大力推进物联网产业发展有利时机，引导智能化仪器仪表企业向物联网应用产品研发、生产、服务方向发展。到"十二五"末期，以智能化仪器仪表基地为主要依托的电子信息产业增加值占全市规模以上工业企业增加值比重提高 2.5 个百分点。

### 十、涿州新兴产业示范区

河北涿州新兴产业示范区创立于 2010 年 6 月，位于距北京西南三环 40 公里的涿州市，总规划面积 100 平方公里，涉及 3 个乡镇、35 个村、3.3 万人。示范区北靠北京城南行动计划的永定河经济发展带、中关村（丰台）科技园和窦店工业开发区，东北部靠近大兴生物产业基地和亦庄经济技术开发区，东与固安工业园毗邻，西与涿州经济技术开发区相连。涿州新兴产业示范区总规划面积100平方公里，起步区规划面积60平方公里，以电子信息、高端装备制造、生物产业、新材料、新能源、节能环保为主导产业，建成后将成为集新兴产业培育发展、高科技人才创新创业、高科技成果孵化转化于一体的示范区。2011年基本具备产业聚集条件；2013年引进投资10亿元以上重大项目50个；2015年力争实现主营业务收入1200亿元、利税180亿元。2015年后从起步区向外拓展，推动规划区整体开发建设。河北省"十二五"规划中指出，涿州新型智慧产业示范基地要抓住环首都绿色经济圈建设机遇，依托北京智力优势，以涿州开发区、京南智慧产业园和松林店园区为载体，形成电子信息、智慧产业、物探数据处理等高科技企业聚集区。建设软件研发、集成电路测试服务、网络数字终端及无线移动终端、税控设备、IC卡及读写器具产业基地及相关配套设施，强化产业集群效应。搭建物联网、云计算、中小企业公共服务平台和国家级云计算服务中心，打造战略性新兴产业示范区。到"十二五"末期，形成200亿元以上产业规模。

# 第四章

# 京津冀信息服务业扶持政策

对于信息服务业，在推动产业升级转移方面，加快产业转型升级，打造立足区域、服务全国、辐射全球的优势产业集聚区。重点是明确产业定位和方向，加快产业转型升级、推动产业转移对接、加强三省市产业发展规划衔接、制定京津冀产业指导目录、加快津冀承接平台建设、加强京津冀产业协作等是政府一直秉持的理念。京津冀要坚持协同发展、重点突破、深化改革、有序推进。

## 第一节　国家部委政策

### 一、国务院

1. 信息产业发展规划（2013 年 2 月 7 日）

信息产业是国民经济的战略性、基础性支柱产业，创新性强、带动性大、渗透性广，对于转变发展方式、拉动经济增长、促进社会就业和维护国家安全具有十分重要的作用。信息产业加快发展和转型，是推动经济结构调整、破解能源资源环境约束的根本要求，是提高社会管理科学化水平的基本保障。必须抓住新一代信息技术产业的发展机遇，加强规划引导，强化自主创新，加快转型升级，深化应用普及，推进信息化和工业化深度融合，实现信息产业综合竞争力的整体跃升。以邓小平理论、"三个代表"重要思想、科学发展观为指导，按照加快转变经济发展方式的总体要求，以推进信息产业转型升级为主线，以培育发展新一代信息技术产业为主攻方向，加强自主创新，突破核心技术，加快发展宽带网络，提高装备保障水平，拓展应用服务，完善体制机制，着力推进信息产业发展向创新驱动型转变，着力推进网络设施向下一代信息基础设施升级，推动信息化和工业化深度融合，促进经济社会可持续发展。

（1）主要任务。培育、壮大新一代信息技术产业；调整和优化产业布局结构；推动产业融合互动发展；提升信息产业国际化发展水平；增强网络与信息安全保障能力；促进信息产业向节能环保型发展。

（2）发展重点。信息基础设施；电子信息产品制造业；软件产业；信息服务业；保障措施方面：健全法律法规；强化战略引导；完善创新机制；加大财税金融支持；深化体制机制改革；完善市场环境。

（3）发展目标。到2015年，信息产业向创新驱动型转变取得突破性进展，宽带、融合、安全、泛在的下一代国家信息基础设施建设初步建成，具有较强国际竞争力的电子信息产品制造业和较强创新能力的软件产业体系基本形成，信息服务覆盖城乡、普惠全民。

（4）具体目标。①产业规模方面。信息产业业务总收入达16万亿元左右，其中，通信业业务收入达到1.5万亿元，规模以上电子信息产品制造业业务收入超过10万亿元，软件业业务收入达到4万亿元左右，信息产业增加值年均增长超过10%。②结构调整方面。电信非话音业的业务收入占通信业业务收入的比重超过60%，自主可控、附加值高的信息通信产业体系初步建立。新一代信息技术产业销售额年均增长超过20%，基础电子产业业务收入占信息产业业务总收入的比重达到30%左右，软件业业务收入占比超过25%。培育10家以上营业收入超千亿元的大型骨干企业，创建50个新型工业化产业示范基地。③技术创新方面。电子信息百强企业研发经费投入强度超过5%。集成电路芯片制造业规模生产技术达到32纳米甚至28纳米工艺，新型平板显示面板产量满足国内彩电整机需求量的80%以上，自主开发的移动智能终端及操作系统实现规模应用，网络操作系统、关键领域嵌入式系统、重点行业解决方案等实现自主可控，全面掌握下一代信息网络技术。在LTE Advanced等领域国际主流标准中，我国基本专利所占比例达到5%左右。④网络建设方面。城市和农村家庭的宽带接入平均速率分别达到20兆比特/秒（Mbit/s）和4兆比特/秒以上，互联网国际出口带宽达到6500吉比特/秒（Gbit/s）。第三代移动通信技术（3G）网络覆盖城乡，LTE规模商用，基于国际互联网协议第6版（IPv6）的下一代互联网实现规模商用，有线电视数字化整体转换基本完成，地面数字电视全面推广应用。重点领域的物联网示范应用取得积极进展，三网融合全面推广，形成适应下一代信息网络发展的安全保障体系，自主可控的信息安全服务体系基本建立。⑤信息服务方面。电话用户突破 14 亿户，其中 3G 用户超过 4.5 亿户。互联网网民数超过 8 亿人，固定宽带接入户均普及率超过 50%，初步实现"村村通宽带"。软件服务和信息增值服务的业务种类日益丰富，信息产业的综合服务能力显著增强。

2. 关于促进信息消费扩大内需的若干意见（2013 年 8 月 15 日）

要加大财税、金融政策支持：依托现有支持企业技术创新的政策，对互联网、软件企业给予税收等方面优惠；改善企业融资环境，优先支持互联网小微企业，完善信息服务业创业投资扶持政策。信息消费规模快速增长：到 2015 年，信息消费规模超过 3.2 万亿元，年均增长 20% 以上，带动相关行业新增产出超过 1.2 万亿元，其中基于互联网的新型信息消费规模达到 2.4 万亿元，年均增长 30% 以上。基于电子商务、云计算等信息平台的消费快速增长，电子商务交易额超过 18 万亿元，网络零售交易额突破 3 万亿元。信息基础设施显著改善：到 2015 年，适应经济社会发展需要的宽带、融合、安全、泛在的下一代信息基础设施初步建成，城市家庭宽带接入能力基本达到每秒 20Mbps，部分城市达到每秒 100Mbps，农村家庭宽带接入能力达到每秒 4Mbps，行政村通宽带比例达到 95%。智慧城市建设取得长足进展。完善宽带网络基础设施：发布实施"宽带中国"战略，加快宽带网络升级改造，推进光纤入户，统筹提高城乡宽带网络普及水平和接入能力。开展下一代互联网示范城市建设，推进下一代互联网规模化商用。推进下一代广播电视网规模建设。完善电信普遍服务补偿机制，加大支持力度，促进提供更广泛的电信普遍服务。持续推进电信基础设施共建、共享，统筹互联网数据中心（IDC）等云计算基础设施布局。各级人民政府要将信息基础设施纳入城乡建设和土地利用规划，给予必要的政策资金支持。统筹推进移动通信发展：扩大第三代移动通信（3G）网络覆盖，优化网络结构，提升网络质量。根据企业申请情况和具备条件，推动于 2013 年内发放第四代移动通信（4G）牌照。加快推进我国主导的新一代移动通信技术时分双工模式移动通信长期演进技术（TD - LTE）网络建设和产业化发展。全面推进三网融合：加快电信和广电业务双向进入，在试点基础上于 2013 年下半年逐步向全国推广。推动中国广播电视网络公司加快组建，推进电信网和广播电视网基础设施共建共享。加快推动地面数字电视覆盖网建设和高清交互式电视网络设施建设，加快广播电视模数转换进程。鼓励发展交互式网络电视（IPTV）、手机电视、有线电视网宽带服务等融合性业务，带动产业链上下游企业协同发展，完善三网融合技术创新体系。

3. 关于金融支持小微企业发展的实施意见（2013 年 8 月 8 日）

加快建立"小微企业—信息和增信服务机构—商业银行"利益共享、风险共担新机制，是破解小微企业缺信息、缺信用导致融资难的关键举措。积极搭建小微企业综合信息共享平台，整合注册登记、生产经营、人才及技术、纳税缴费、劳动用工、用水用电、节能环保等信息资源。加快建立小微企业信用征集体系、评级发布制度和信息通报制度，引导银行业金融机构注重人才、技术等"软信息"，建立针对小微企业的信用评审机制。建立健全主要为小微企业服务的融资担保体系，由地方人民政府参股和控股部分担保公司，以省（区、市）为单位建立政府主导的再担保公司，创设小微企业信贷风险补偿基金。指导相关行业协会推进联合增信，加强本行业小微企业的合作互助。充分挖掘保险工具的增信作用，大力发展贷款保证保险和信用保险业务，稳步扩大出口信用保险对小微企业的服务范围。发展改革委、工业和信息化部、财政部、商务部、人民银行、工商总局、银监会、证监会、保监会等按职责分工负责。

4. 关于加快发展生产性服务业促进产业结构调整升级的指导意见（2014 年8 月 6 日）

发展涉及网络新应用的信息技术服务，积极运用云计算、物联网等信息技术，推动制造业的智能化、柔性化和服务化，促进定制生产等模式创新发展。加快面向工业重点行业的知识库建设，创新面向专业领域的信息服务方式，提升服务能力。加强相关软件研发，提高信息技术咨询设计、集成实施、运行维护、测试评估和信息安全服务水平，面向工业行业应用提供系统解决方案，促进工业生产业务流程再造和优化。推动工业企业与软件提供商、信息服务提供商联合提升企业生产经营管理全过程的数字化水平。支持工业企业所属信息服务机构面向行业和社会提供专业化服务。加快农村互联网基础设施建设，推进信息进村入户。

5. 关于加快科技服务业发展的若干意见（2014 年 10 月 9 日）

构建以专业孵化器和创新型孵化器为重点、综合孵化器为支撑的创业孵化生态体系。加强创业教育，营造创业文化，办好创新创业大赛，充分发挥大学科技园在大学生创业就业和高校科技成果转化中的载体作用。引导企业、社会资本参与投资建设孵化器，促进天使投资与创业孵化紧密结合，推广"孵化＋创投"等孵化模式，积极探索基于互联网的新型孵化方式，提升孵化器专业服务能力。

整合创新创业服务资源，支持建设"创业苗圃＋孵化器＋加速器"的创业孵化服务链条，为培育新兴产业提供源头支撑。

6. 关于促进国家级经济技术开发区转型升级创新发展的若干意见（2014 年 11 月 21 日）

为了适应新的形势和任务，国家级经济技术开发区要明确新形势下的发展定位，推进体制机制创新，促进开放型经济发展，推动产业转型升级，坚持绿色集约发展，优化营商环境。新时期国家级经济技术开发区的发展定位要实现"三个成为"，即：成为带动地区经济发展和实施区域发展战略的重要载体；成为构建开放型经济新体制和培育吸引外资新优势的排头兵；成为科技创新驱动和绿色集约发展的示范区。国家级经济技术开发区要在发展理念、兴办模式、管理方式等方面完成"四个转变"，即：由追求速度向追求质量转变；由政府主导向市场主导转变；由同质化竞争向差异化发展转变；由硬环境见长向软环境取胜转变。要求强化约束和倒逼机制，细化完善监督考核评价体系，引导国家级经济技术开发区走质量效益型发展之路。一方面要继续坚持体制机制创新，推动国家级经济技术开发区依法规范发展，另一方面要进一步下放审批权限，加大行政管理体制改革推进力度。同时，从提高投资质量和水平、带动区域协调发展、优化产业结构和布局、增强科技创新驱动能力、加快人才体系建设、创新投融资体制、提高信息化水平、鼓励绿色低碳循环发展、坚持规划引领、强化土地节约集约利用、规范招商引资、完善综合投资环境等方面构建了鼓励国家级经济技术开发区转型升级、创新发展的政策支持体系。各地区、各有关部门要深化对促进国家级经济技术开发区转型升级、创新发展工作重要意义的认识，切实加强组织领导和协调配合，明确任务分工，落实工作责任，尽快制定具体实施方案和配套政策措施，确保工作取得实效。

7. 关于深化体制机制改革，加快实施创新驱动发展战略的若干意见（2015 年 3 月 13 日）

创新是推动一个国家和民族向前发展的重要力量，也是推动整个人类社会向前发展的重要力量。面对全球新一轮科技革命与产业变革的重大机遇和挑战，面对经济发展新常态下的趋势变化和特点，面对实现"两个一百年"奋斗目标的历史任务和要求，必须深化体制机制改革，加快实施创新驱动发展战略。加快实施创新驱动发展战略，就是要使市场在资源配置中起决定性作用和更好发挥政府作用，破除一切制约创新的思想障碍和制度藩篱，激发全社会创新活力和创造潜能，提升劳动、信息、知识、技术、管理、资本的效率和效益，强化科技同经济对接、创新成果同产业对接、创新项目同现实生产力对接、研发人员创新劳动同其利益收入对接，增强科技进步对经济发展的贡献度，营造大众创业、万众创新的政策环境和制度环境。

（1）实施意见。营造激励创新的公平竞争环境；建立技术创新市场导向机制；强化金融创新的功能；完善成果转化激励政策；构建更加高效的科研体系；创新培养、用好和吸引人才机制；推动形成深度融合的开放创新局面；加强创新政策统筹协调。

（2）总体目标。到2020年，基本形成适应创新驱动发展要求的制度环境和政策法律体系，为进入创新型国家行列提供有力保障。人才、资本、技术、知识自由流动，企业、科研院所、高等学校协同创新，创新活力竞相迸发，创新成果得到充分保护，创新价值得到更大体现，创新资源配置效率大幅提高，创新人才合理分享创新收益，使创新驱动发展战略真正落地，进而打造促进经济增长和就业创业的新引擎，构筑参与国际竞争合作的新优势，推动形成可持续发展的新格局，促进经济发展方式的转变。

8. 关于大力发展电子商务，加快培育经济新动力的意见（2015年5月4日）

近年来我国电子商务发展迅猛，不仅创造了新的消费需求，引发了新的投资热潮，开辟了就业增收新渠道，为大众创业、万众创新提供了新空间，而且电子商务正加速与制造业融合，推动服务业转型升级，催生新兴业态，成为提供公共产品、公共服务的新力量，成为经济发展新的原动力。全面贯彻党的十八大和十八届二中、三中、四中全会精神，按照党中央、国务院决策部署，坚持依靠改革推动科学发展，主动适应和引领经济发展新常态，着力解决电子商务发展中的深层次矛盾和重大问题，大力推进政策创新、管理创新和服务创新，加快建立开放、规范、诚信、安全的电子商务发展环境，进一步激发电子商务创新动力、创造潜力、创业活力，加速推动经济结构战略性调整，实现经济提质增效升级。

（1）实施意见。营造宽松发展环境；促进就业创业；推动转型升级；完善物流基础设施；提升对外开放水平；构筑安全保障防线；健全支撑体系。

（2）主要目标。到2020年，统一开放、竞争有序、诚信守法、安全可靠的电子商务大市场基本建成。电子商务与其他产业深度融合，成为促进创业、稳定就业、改善民生服务的重要平台，对工业化、信息化、城镇化、农业现代化同步发展起到关键性作用。

9. 关于积极推进"互联网+"行动的指导意见（2015年7月1日）

"互联网+"是把互联网的创新成果与经济社会各领域深度融合，推动技术进步、效率提升和组织变革，提升实体经济创新力和生产力，形成更广泛的以互联网为基础设施和创新要素的经济社会发展新形态。在全球新一轮科技革命和产业变革中，互联网与各领域的融合发展具有广阔前景和无限潜力，已成为不可阻挡的时代潮流，正对各国经济社会发展产生着战略性和全局性的影响。顺应世界"互联网+"发展趋势，充分发挥我国互联网的规模优势和应用优势，推动互联网由消费领域向生产领域拓展，加速提升产业发展水平，增强各行业创新能力，构筑经济社会发展新优势和新动能。坚持改革创新和市场需求导向，突出企业的主体作用，大力拓展互联网与经济社会各领域融合的广度和深度。

（1）行动重点。着力深化体制机制改革，释放发展潜力和活力；着力做优存量，推动经济提质增效和转型升级；着力做大增量，培育新兴业态，打造新的增长点；着力创新政府服务模式，夯实网络发展基础，营造安全网络环境，提升公共服务水平。重点行动："互联网+创业创新"；"互联网+协同制造"；"互联网+现代农业"；"互联网+智慧能源"；"互联网+普惠金融"；"互联网+益民服务"；"互联网+高效物流"；"互联网+电子商务"；"互联网+便捷交通"；"互联网+绿色生态"；"互联网+人工智能"。保障基础：夯实发展基础；强化创新驱动；营造宽松环境；拓展海外合作；加强智力建设；加强引导支持；做好组织实施。

（2）发展目标。到2018年，互联网与经济社会各领域的融合发展进一步深化，基于互联网的新业态成为新的经济增长动力，互联网支撑大众创业、万众创新的作用进一步增强，互联网成为提供公共服务的重要手段，网络经济与实体经济协同互动的发展格局基本形成。

（3）具体目标。①经济发展进一步提质增效。互联网在促进制造业、农业、能源、环保等产业转型升级方面取得积极成效，劳动生产率进一步提高。基于互联网的新兴业态不断涌现，电子商务、互联网金融快速发展，对经济提质增效的促进作用更加凸显。②社会服务进一步便捷普惠。健康医疗、教育、交通等民生领域互联网应用更加丰富，公共服务更加多元，线上线下结合更加紧密。社会服务资源配置不断优化，公众享受到更加公平、高效、优质、便捷的服务。③基础支撑进一步夯实提升。网络设施和产业基础得到有效巩固加强，应用支撑和安全保障能力明显增强。固定宽带网络、新一代移动通信网和下一代互联网加快发展，物联网、云计算等新型基础设施更加完善。人工智能等技术及其产业化能力显著增强。④发展环境进一步开放包容。全社会对互联网融合创新的认识不断深入，互联网融合发展面临的体制机制障碍有效破除，公共数据资源开放取得实质性进展，相关标准规范、信用体系和法律法规逐步完善。到2025年，网络化、智能化、服务化、协同化的"互联网+"产业生态体系基本完善，"互联网+"新经济形态初步形成，"互联网+"成为经济社会创新发展的重要驱动力量。

10. 2006~2020年国家信息化发展战略（2015年9月1日）

信息化是当今世界发展的大趋势，是推动经济社会变革的重要力量。大力推进信息化，是覆盖我国现代化建设全局的战略举措，是贯彻落实科学发展观、全面建设小康社会、构建社会主义和谐社会和建设创新型国家的迫切需要和必然选择。我国信息化发展的基本经验是：坚持站在国家战略高度，把信息化作为覆盖现代化建设全局的战略举措，正确处理信息化与工业化之间的关系，长远规划，持续推进。坚持从国情出发，因地制宜，把信息化作为解决现实紧迫问题和发展难题的重要手段，充分发挥信息技术在各领域的作用。坚持把开发利用信息资源放到重要位置，加强统筹协调，促进互联互通和资源共享。坚持引进消化先进技术与增强自主创新能力相结合，优先发展信息产业，逐步增强信息化的自主装备能力。坚持推进信息化建设与保障国家信息安全并重，不断提高基础信息网络和重要信息系统的安全保护水平。坚持优先抓好信息技术的普及教育，提高国民信息技术应用技能。经过多年的发展，我国信息化发展已具备了一定基础，进入了全方位、多层次推进的新阶段。抓住机遇，迎接挑战，适应转变经济增长方式、全面建设小康社会的需要，更新发展理念，破解发展难题，创新发展模式，大力推进信息化发展，已成为我国经济社会发展新阶段重要而紧迫的战略任务。

11. 关于加快构建大众创业、万众创新支持平台的指导意见（2015年09月23日）

当前，全球分享经济快速增长，基于互联网等方式的创业创新蓬勃兴起，众创、众包、众扶、众筹（以下统称四众）等大众创业、万众创新支撑平台快速发展，新模式、新业态不断涌现，线上线下加快融合，对生产方式、生活方式、治理方式产生广泛而深刻的影响，动力强劲，潜力巨大。加大对众创、众包、众扶、众筹等创业创新活动的引导和支持力度，加强统筹协调，探索制度创新，完善政府服务，科学组织实施，鼓励先行先试，不断开创大众创业、万众创新的新局面。实施意见：把握发展机遇，汇聚经济社会发展新动能；创新发展理念，着力打造创业创新新格局；全面推进众创，释放创业创新能量；积极推广众包，激发创业创新活力；立体实施众扶，集聚创业创新合力；稳健发展众筹，拓展创业创新融资；推进放管结合，营造宽松发展空间；完善市场环境，夯实健康发展基础；强化内部治理，塑造自律发展机制；优化政策扶持，构建持续发展环境。

12. 关于推动线上线下互动加快商贸流通创新发展转型升级的意见（2015 年 9 月 29 日）

近年来，移动互联网等新一代信息技术加速发展，技术驱动下的商业模式创新层出不穷，线上线下互动成为最具活力的经济形态之一，成为促进消费的新途径和商贸流通创新发展的新亮点。大力发展线上线下互动，对推动实体店转型，促进商业模式创新，增强经济发展新动力，服务大众创业、万众创新具有重要意义。实施意见：鼓励线上线下互动创新；激发实体商业发展活力；健全现代市场体系；完善政策措施。

13. 关于加强互联网领域侵权假冒行为治理的意见（2015 年 11 月 7 日）

当前，以"互联网＋"为主要内容的电子商务发展迅猛，成为我国经济增长的强劲动力，对推动大众创业、万众创新发挥了不可替代的作用。但是，互联网领域侵犯知识产权和制售假冒伪劣商品违法犯罪行为也呈多发高发态势。深入贯彻党的十八大和十八届二中、三中、四中全会精神，按照党中央、国务院部署，以全面推进依法治国为统领，以改革创新监管制度为保障，以新信息技术手段为支撑，以建立健全长效机制为目标，着力完善电子商务领域法律法规，加强跨部门、跨地区和跨境执法协作，提升监管能力和技术水平，遏制互联网领域侵权假冒行为多发高发势头，净化互联网交易环境，促进电子商务健康发展，为创新创业增添新活力，为经济转型升级注入新动力。实施意见：突出监管重点；落实企业责任；加强执法协作；健全长效机制。主要目标：用 3 年左右的时间，有效遏制互联网领域侵权假冒行为，初步形成政府监管、行业自律、社会参与的监管格局，相关法律法规更加健全，监管技术手段更加先进，协作配合机制更加完善，网络交易秩序逐步规范，电子商务健康有序发展。

14. 关于促进农村电子商务加快发展的指导意见（2015 年 11 月 9 日）

农村电子商务是转变农业发展方式的重要手段，是精准扶贫的重要载体。通过大众创业、万众创新，发挥市场机制作用，加快农村电子商务发展，把实体店与电商有机结合，使实体经济与互联网产生叠加效应，有利于促消费、扩内需，推动农业升级、农村发展、农民增收。全面贯彻党的十八大和十八届三中、四中、五中全会精神，落实国务院决策部署，按照全面建成小康社会目标和新型工业化、信息化、城镇化、农业现代化同步发展的要求，深化农村流通体制改革，创新农村商业模式，培育和壮大农村电子商务市场主体，加强基础设施建设，完善政策环境，加快发展线上线下融合、覆盖全程、综合配套、安全高效、便捷实惠的现代农村商品流通和服务网络。

（1）重点任务。积极培育农村电子商务市场主体；扩大电子商务在农业农村的应用；改善农村电子商务发展环境。

（2）政策措施。加强政策扶持；鼓励和支持开拓创新；大力培养农村电商人才；加快完善农村物流体系；加强农村基础设施建设；加大金融支持力度；营造规范有序的市场环境。

（3）发展目标。到2020年，初步建成统一开放、竞争有序、诚信守法、安全可靠、绿色环保的农村电子商务市场体系，农村电子商务与农村一次、二次、三次产业深度融合，在推动农民创业就业、开拓农村消费市场、带动农村扶贫开发等方面取得明显成效。

**二、国家工信部**

1. 电子商务"十二五"发展规划（2012年3月）

加快发展电子商务，是企业降低成本、提高效率、拓展市场和创新经营模式的有效手段，是提升产业和资源的组织化程度、转变经济发展方式、提高经济运行质量和增强国际竞争力的重要途径，对于优化产业结构、支撑战略性新兴产业发展和形成新的经济增长点具有非常重要的作用，对于满足和提升消费需求、改善民生和带动就业具有十分重要的意义，对于经济和社会可持续发展具有愈加深远的影响。电子商务不断普及和深化：电子商务在我国工业、农业、商贸流通、交通运输、金融、旅游和城乡消费等各个领域的应用不断得到拓展，应用水平不断提高，正在形成与实体经济深入融合的发展态势。电子商务支撑水平快速提高："十一五"期间，电子商务平台服务、信用服务、电子支付、现代物流和电子认证等支撑体系加快完善。围绕电子商务信息、交易和技术等的服务企业不断涌现，2010年已达到2.5万家。电子商务信息和交易平台正在向专业化和集成化的方向发展。

（1）重点任务。提高大型企业电子商务水平、推动中小企业普及电子商务、促进重点行业电子商务发展、推动网络零售规模化发展、提高政府采购电子商务水平、促进跨境电子商务协同发展、持续推进移动电子商务发展、促进电子商务支撑体系协调发展、提高电子商务的安全保障和技术支撑能力。

（2）政策措施。加强组织保障、建立健全电子商务诚信发展环境、提高电子商务的公共服务和市场监管水平、加大对电子商务违法行为的打击力度、完善权益保护机制、加强电子商务法律法规和标准规范建设、完善多元化的电子商务投融资机制、加强电子商务统计监测工作、加快电子商务人才培养、加强国际合作。

（3）总体目标。到2015年，电子商务进一步普及深化，对国民经济和社会发展的贡献显著提高。电子商务在现代服务业中的比重明显上升。电子商务制度体系基本健全，初步形成安全可信、规范有序的网络商务环境。

（4）具体目标：①电子商务交易额翻两番，突破18万亿元。其中，企业间电子商务交易规模超过15万亿元。企业网上采购和网上销售占采购和销售总额的比重分别超过50%和20%。②大型企业的网络化供应链协同能力基本建立，部分行业龙头企业的全球化商务协同能力初步形成。③经常性应用电子商务的中小企业达到中小企业总数的60%以上。④网络零售交易额突破3万亿元，占社会消费品零售总额的比例超过9%。⑤移动电子商务交易额和用户数达到全球领先水平。电子商务的服务水平显著提升，涌现出一批具有国际影响力的电子商务企业和服务品牌。

2. 关于进一步加强通信业节能减排工作的指导意见（2013年2月5日）

为贯彻落实国务院《节能减排"十二五"规划》以及《"十二五"节能减排综合性工作方案》，加强生态文明建设，提高资源能源利用效率，构建绿色通信网络，全面实现通信业"十二五"节能减排目标任务，进一步加强通信业节能减排工作。以科学发展观为指导，按照党的十八大提出的推动信息化和工业化深度融合，加强生态文明建设的要求，以建设资源节约型和环境友好型社会为中心，以推动行业实现绿色发展为主线，以推广信息化应用促进全社会节能为重点，坚持把网络演进升级作为绿色发展的主攻方向，坚持把节能降耗作为绿色发展的根本出发点，坚持把资源环境保护作为绿色发展的重要着力点，坚持把技术应用创新作为绿色发展的重要支撑，坚持把管理效率提升作为绿色发展的重要保障，突破资源环境瓶颈制约，加快转型升级步伐，提升绿色发展水平，促进通信业实现健康和可持续发展。

（1）重点任务。促进全社会节能减排、加快网络结构优化升级、统筹部署绿色数据中心建设、加大绿色基站建设力度、深化基础设施共建共享、实施生产用房节能改造、推进电力能源合理使用、加强产业链各环节节能减排力度、完善合同能源管理和节能自愿协议等节能新机制。

（2）保障措施。加强行业发展指导、强化企业主体责任、发挥行业协会作用、加强宣传交流。

（3）主要目标。2015年末，通信网全面应用节能减排技术，高能耗老旧设备基本淘汰，初步达到国际通信业能耗可比先进水平，实现单位电信业务总量综合能耗较2010年底下降10%；推进信息化与工业化深度融合，促进社会节能减排量达到通信业自身能耗排放量的5倍以上；新建大型云计算数据中心的能耗效率（PUE）值达到1.5以下；电信基础设施共建共享全面推进，数量上有提高、范围上有拓展、模式上有创新；新能源和可再生能源应用比例逐年提高。

# 第二节　北京市政策

## 一、北京市政府

1. 北京市发布"十二五"人文、科技、绿色发展建设规划（2011年9月6日）

北京市《"十二五"时期科技北京发展建设规划》的总体目标是：到"十二五"末期，把北京市建成国家创新中心，推动首都率先形成创新驱动的发展格局。围绕总体目标，设定了"全社会研发支出占地区生产总值比重大于5.5%"、"技术交易额超过1800亿元"、"高技术产业、信息服务业和科技服务业增加值总额超过3500亿元"三个目标。

2. 关于加快首都科技服务业发展的实施意见（2015年5月12日）

深入贯彻落实党的十八大和十八届三中、四中全会精神，深入学习贯彻习近平总书记系列重要讲话和对北京工作的重要指示精神，主动适应经济发展新常态，坚持和强化首都城市战略定位，充分发挥市场在资源配置中的决定性作用，着力加强技术创新，着力激发创业活力，着力做强优势领域，着力培育新型业态，着力拓展市场空间，主动推动科技服务业向专业化、网络化、范围化、国际化方向发展，努力为实施创新驱动发展战略、促进首都经济社会持续健康发展、建设国际一流的和谐宜居之都提供有力支撑。

（1）主要任务。实施技术支撑工程；实施创业支持工程；实施优势引领工程；实施业态培育工程；实施市场拓展工程。

（2）保障措施。强化政策引导；营造市场环境；加大资金支持；搭建服务平台；注重人才建设；促进集群发展；狠抓工作落实。

（3）发展目标。到2020年，首都科技服务资源潜力充分释放，市场化程度进一步提高，特色突出、支撑有力、创新引领的科技服务体系基本产生，对科技成果转化应用的支撑服务能力明显增强；新增一批具有国际影响力的科技服务业主力企业、服务机构和知名品牌，形成一批定位清晰、布局合理、协同发展的科技服务业集聚区；全市科技服务业收入达到1.5万亿元，技术合同成交金额达到5000亿元。

3. 关于北京市2014年国民经济和社会发展计划执行情况与2015年国民经济和社会发展计划草案的报告（2015年3月26日）

全面提升信息服务业发展水平，促进云计算、物联网、移动互联等领域发展，运用互联网思维催生新产品、新模式、新业态。优化商务环境，鼓励发展会计、审计、法律、咨询等商务服务业。

4. 北京市人民政府关于大力推进大众创业、万众创新的实施意见（2015年10月19日）

推进大众创业、万众创新，是实施创新驱动发展战略、构建高精尖经济结构、疏解北京非首都功能的重大举措，对建设全国科技创新中心、促进首都经济提质增效、推动京津冀协同发展具有重要意义。深入贯彻落实党的十八大和十八届三中、四中全会精神，深入学习贯彻习近平总书记系列重要讲话和对北京工作的重要指示精神，坚持和强化首都城市战略定位，充分发挥市场在资源配置中的决定性作用和更好发挥政府作用，不断强化中关村国家自主创新示范区的示范引领作用和核心载体功能，以优化创新创业生态为主线，着力营造创新创业氛围，着力培育创新创业形态，着力完善创新创业布局，着力释放创新创业活力，积极构建有利于大众创业、万众创新的政策制度环境和公共服务体系，努力打造引领全国、辐射周边的创新发展战略高地和具有全球影响力的高端创新中心，为建设国际一流的和谐宜居之都提供有力支撑。

（1）主要任务。积极构建创新创业服务体系、着力培育创新创业发展形态、全面优化创新创业空间布局、不断完善创新创业保障机制。

（2）主要保障。加强组织领导、狠抓责任落实、强化督察评估、加大宣传力度。

### 二、北京市经信委

北京市促进软件和信息服务业发展的指导意见（2010年3月10日）：

软件和信息服务业是国家重点发展的战略性新兴产业，也是北京市在全国处于领先地位并具有全球化发展潜力的重要产业。做大做强软件和信息服务业，对于进一步提升本市信息产业的国际竞争力、转变经济发展方式、实现信息化与工业化的有效融合具有重大意义。为抓住建设创新型城市和中关村国家自主创新示范区的发展机遇，把软件和信息服务业打造成本市重大战略性支柱产业，以科学发展观为指导，把全面提升软件和信息服务业发展能力作为迎接新机遇和新挑战的战略任务，重点提升自主创新能力、高端发展能力和对国际资源的调动能力，努力创造发展环境更优、企业规模更大、创新水平更高、新兴产业成长更快的局面，推动软件和信息服务业又好又快发展并实现新的突破。

（1）重点任务。以基础软件和工业软件为核心，打造中国核心软件产品主要生产基地，软件产业收入达到1000亿元；围绕十大应用领域，鼓励研发行业解决方案，信息技术服务业收入超过1000亿元；引领新一代互联网技术应用，强化中国互联网中心地位，互联网内容产业收入达到1000亿元；加快推进三网融合发展，提升信息传输服务业的水平，成为1000亿元级的全球信息传输新枢纽；巩固本市在全国IT服务外包产业和软件出口领域的领军城市地位，提升外包层级，成为出口超过100亿美元的服务外包中心；大力发展软件和信息服务业新型业态，成为中国新兴产业发展最活跃、成长最迅速的城市。

（2）保障措施。加强统筹协调，建立推进机制和服务体系；突出扶持重点，建设引领产业发展的核心企业群体；集成使用政策，完善政策体系；加大政府投入，改善投融资环境；加强自主创新，突破关键技术；加强人才引进和培养，强化人才优势；合理规划布局，建立一批新的产业发展基地；优化市场环境，完善市场体系。

（3）总体目标。到2012年，全市软件和信息服务业实现总收入超过4000亿元，增加值在全市地区生产总值中的比重超过12%，从业人员达到50万人，并培育出年营业收入超过100亿元的企业。2012年后，要在新起点上继续发展，保持本市软件和信息服务业全国第一的地位，强化首都支柱产业地位，使北京成为

在全球有重要影响力的软件和信息服务业中心城市之一；把中关村国家自主创新
示范区核心区建成全国最大的软件技术创新基地、新兴产业孵化基地、居世界前
列的软件和信息服务产业集聚区。

# 第三节　天津市政策

## 一、天津市政府

1. 国民经济和社会发展第十二个五年规划纲要（2011 年 3 月 22 日）

在电子信息产业方面要以巩固基础、强化优势、培育新兴、抢占高端为方
向，做强移动通信、新型元器件、数字视听三大优势领域，壮大高性能计算机服
务器、集成电路、嵌入式电子、软件四大潜力领域，培育物联网、云计算、信息
安全、人工智能、光电子五大新兴领域，加快形成新一代信息技术产业优势，带
动产业高端发展。加快三网融合、信息化与工业化融合的关键共性技术的研发。
建设国家级电子信息产业基地。在科技和信息服务业方面要重点发展科技研发、
工程咨询、技术交易与知识产权服务、专业技术服务、科技中介服务等科技服务
业。做大做强一批科技服务业龙头企业，建设区域性技术交易市场和技术产权交
易中心。提升软件和信息服务业发展水平，在信息安全软件、工业软件等重要应
用软件和嵌入式软件技术上实现突破，积极发展增值业务和互联网业务。大力发
展电子商务。

2. 两区两园现代服务业集聚区建设发展方案（2013 年 11 月 18 日）

推进现代服务业集聚区建设，是国内外中心城市加快现代服务业发展的重要
措施。截至 2012 年底，全市规划建设的创意产业园达到 55 个，商务和商贸集聚
区（含城市综合体）超过 20 个，物流园区达到 74 个，对推动天津市生产性服务
业、生活性服务业和新兴服务业发展发挥了重要作用。为进一步推进我市现代服
务业发展，未来几年全市要整合资源，集中力量，以"两区两园"（中心商务
区、中心商贸区、都市产业园、现代物流园）为重点，打造一批具有示范引领和
标志作用的现代服务业集聚区。

（1）重点工作。科学编制规划；完善基础设施；强化招商引资；加强平台

建设。保障措施：加强组织领导；强化用地保障；加大宣传力度；完善统计考核。

（2）发展目标。到2016年，全市建成一批年营业收入超过500亿元的中心商务区和中心商贸区，建成一批年营业收入超过300亿元的都市产业园，建成一批年营业收入超过400亿元的现代物流园。全市"两区两园"现代服务业集聚区（以下称各园区）建设规划总投资达1万亿元，2016年销售收入达到1.5万亿元，实现增加值3300亿元，占全市服务业增加值的33%，实现税收1000亿元，新增就业104万人。

3. 关于印发天津市万企转型升级行动计划（2014~2016年）的通知（2014年1月29日）

一是要鼓励发展电子商务。对在经认定的第三方电子商务平台上开设专营店、网络年销售总额列全市前100名（含第100名）的企业，按平台年服务费用的30%给予企业一次性资金补贴，最高不超过2万元。对首次加入经认定的第三方跨境电子商务平台、首次创建电子商务网站的转型外贸企业，分别给予5000元的入网费和建网费支持。支持有一定资质的培训机构开展电子商务专题应用培训，根据培训规模、时间、效果给予一次性资金支持，最高不超过5万元。二是要支持产业集聚发展。鼓励和引导企业为重大项目、重点产品和龙头企业进行配套，按配套年销售额给予一定的奖励。迁入区县示范工业园区的转型升级企业、纳入万企转型升级行动并纳入示范工业园区拓展区范围的工业园区，享受现行示范工业园区各项政策，同时给予其一定的资金支持。纳入万企转型升级行动、未达到亿元楼宇标准而形成特色楼宇、3年税收提高50%以上的，经认定后给予一次性资金补贴，最高不超过300万元。

4. 推进电子商务发展三年行动计划（2014~2016年）（2014年2月26日）

要以邓小平理论、"三个代表"重要思想、科学发展观为指导，深入贯彻落实党的十八大精神，紧紧围绕天津市建设国际港口城市、北方经济中心和生态城市的城市定位，以加快推进国家电子商务示范城市建设为抓手，不断壮大产业规模、健全支撑体系、深化重点领域应用、优化发展环境，充分发挥电子商务对加快转变经济发展方式、调整优化产业结构、保障和改善民生等方面的促进作用，进一步增强天津市对环渤海乃至全国的服务、辐射、带动和示范作用。

（1）主要任务。壮大产业规模；健全支撑体系；深化重点领域应用；优化发展环境。保障措施：加强组织保障；加大财政支持；实施项目带动；加大招商引资；强化人才支撑；扩大宣传推广。

（2）总体目标。以平台建设为核心，以龙头企业培育和引进为重点，进一步优化环境，加大招商力度，努力实施"千百十"工程。到 2016 年，把天津市建设成为交易规模大、集聚程度高、支撑体系强、发展环境好，中国北方具有国际竞争力和区域辐射力的电子商务中心城市。

（3）具体目标。①全市电子商务交易总额突破 1 万亿元（以在天津市实现结算为准），网络零售额占社会消费品零售总额的比例超过 10%。商贸企业电子商务应用普及率达到 70% 以上。②努力实施"千百十"工程。打造 5 个年交易额超千亿元的电子商务交易平台；培育和引进 10 家年交易额超百亿元的电子商务企业；扶持和发展一批年交易额超十亿元的电子商务企业。大力发展具有天津市特色的跨境贸易电子商务。③进一步完善以服务社会为宗旨，以满足支付需求为导向，银行业金融机构、支付机构、支付清算组织等共同参与的支付体，系服务主体多元化格局。建成与万亿元交易规模相匹配的快递物流体系，创建"分拨、仓储和物流一体化"服务模式。打造 6 家以上 5A 级物流企业。引进 6 家规模以上快递企业总部或区域总部。④建立能够促进电子商务健康、快速发展的政策法规体系、统计发布制度、网络基础设施、信息安全体系、信用管理体系和交易监管体系。无线宽带网络实现城市全覆盖。移动上网用户普及率达到 70% 以上。

5. 新一代信息服务产业发展行动方案（2014～2016 年）（2014 年 4 月 9 日）

新一代信息服务产业是集硬件、软件、平台和服务于一体，将移动互联、云计算、物联网、大数据等新一代信息技术综合运用到经济社会各领域的新型产业。近年来，我市信息化建设水平不断提升，信息基础设施日益完善，信息产业规模持续壮大，电子商务、电子政务快速发展，两化融合（信息化和工业化融合，下同）、三网融合深入推进，信息安全保障体系更加健全，为新一代信息服务产业发展奠定了坚实基础。为贯彻落实"宽带中国"战略，天津市坚持工业化、信息化、城镇化、农业现代化同步发展，以新一代信息技术为支撑，以技术创新和商业模式创新为动力，以扩大信息消费为突破口，大力发展新一代信息技术产业和信息服务业，推进制造业和服务业融合发展，做强硬件，做大软件，做优平台，做精服务，把新一代信息服务产业打造成为引领天津市经济发展的新引擎。

（1）主要任务：培育移动互联产业领航区；打造国家电子商务示范城市；

实施智慧城市示范应用工程；建设泛娱乐产业创新基地；构建国家级信息产业基地。

（2）发展重点：移动互联网产业；电子商务产业；智慧城市产业；泛娱乐产业；信息安全产业。

（3）保障措施：加强领导；落实责任；加大投入；吸引龙头；争取支持。

（4）发展目标：到 2016 年，天津市新一代信息服务产业规模达到 5000 亿元，打造移动互联、电子商务、智慧城市、泛娱乐和信息安全 5 个创新型产业集群，建设一批特色鲜明的创新型产业基地，培育年销售收入过亿元的信息服务业企业 100 家，其中年销售收入超百亿元的企业 5 家，成为国家重要的新一代信息服务产业基地。

6. 关于加快现代服务业发展的若干意见（2014 年 5 月 26 日）

进一步提高科技信息服务水平。强化科技服务业创新引领作用，依托科技进步助推产业优化升级。推进技术市场交易模式和机制创新，培育发展一批技术转移机构和知识产权交易市场。加快未来科技城开放，建设京津合作示范区。扩大和提升第三方检验检测认证服务，建设全国检验检测基地。加快信息化基础设施建设，增加城市互联网骨干出口带宽。实施智慧城市示范应用工程，构建便捷高效的智能化城市应用和管理体系。促进信息化和工业化深度融合，充分利用大数据、物联网、移动互联等新一代信息技术，改造提升传统产业，推进三网融合，促进信息消费。强化具有自主知识产权的各类软件开发，建设国家级软件产业示范基地。加快服务外包园区建设，扩大知识密集型服务产品出口。

7. 关于转发市经济和信息化委拟定的宽带天津实施方案（2014～2016 年）的通知（2014 年 6 月 26 日）

为建设美丽天津，打造智慧城市，推动宽带网络建设，加快构建下一代信息基础设施，进一步提升天津市信息化发展水平，为全市提供更为方便快捷、安全可靠的高速宽带网络服务。近年来，天津市信息基础设施建设取得显著成绩，信息化应用得到长足发展，信息化整体水平位于全国前列。按照国务院"宽带中国"战略及实施方案的部署要求，围绕建设国际港口城市、北方经济中心和生态城市的发展定位，坚持政府引导与市场调节相结合、统筹规划与分步推进相结合、网络建设与应用服务相结合、网络升级与产业创新相结合、宽带普及与保障安全相结合，将宽带网络作为战略性公共基础设施，加快构建宽带、融合、安全、泛在的下一代信息基础设施，全面支撑天津市经济发展和服务社会民生。

（1）重点工作，加快推进光纤城市建设；加快推进无线宽带网络建设；加快推进下一代广播电视网络建设；稳步提升宽带网络安全保障能力；统筹推进互联网数据中心建设；加快推进企业及农村宽带应用。

（2）政策措施，加强组织领导；完善制度环境；规范建设秩序；加大政策财税扶持力度。

（3）发展目标：到 2016 年，互联网城市出口带宽达到 5000G，实现光纤网络到用户的全覆盖，推动无线宽带网络特别是 4G 网络建设，进一步扩大 WLAN 覆盖范围，向公众提供方便快捷、安全可靠的高速宽带网络服务。积极创建"宽带中国"示范城市，宽带发展主要指标达到全国领先水平，其中，城市家庭 20Mbps 及以上宽带接入能力达到 464.4 万户，农村家庭宽带接入能力超 4Mbps，全市固定宽带家庭普及率达到 70%，第三代移动通信及其长期演进技术（3G/LTE）用户普及率达到 70%，4Mbps 及以上宽带用户渗透率达到 90%，8Mbps 及以上宽带用户渗透率达到 70%。

### 二、天津市发改委

1. 关于加快现代服务业发展的若干意见（2014 年 12 月 15 日）

进一步提高科技信息服务水平。强化科技服务业创新引领作用，依托科技进步助推产业优化升级。推进技术市场交易模式和机制创新，培育发展一批技术转移机构和知识产权交易市场。加快未来科技城开放，建设京津合作示范区。扩大和提升第三方检验检测认证服务，建设全国检验检测基地。加快信息化基础设施建设，增加城市互联网骨干出口带宽。实施智慧城市示范应用工程，构建便捷高效的智能化城市应用和管理体系。促进信息化和工业化深度融合，充分利用大数据、物联网、移动互联等新一代信息技术，改造提升传统产业，推进三网融合，促进信息消费。强化具有自主知识产权的各类软件开发，建设国家级软件产业示范基地。加快服务外包园区建设，扩大知识密集型服务产品出口。

2. 关于组织申报第四批市级循环经济示范试点的通知（2011 年 10 月 31 日）

为全面贯彻落实科学发展观，推动循环经济深入发展，按照天津市循环经济示范试点城市建设工作的总体部署，即重点实施"11253"工程（建设 100 个国家级、市级循环经济试点，建成 1 个再生资源回收网络，搭建 20 条循环经济产业链骨架，培育完善发展循环经济的 5 种模式，建立和完善人才技术、政策法规、生态保障 3 大循环经济支撑体系），将继续开展第四批（最后一批）市级循环经济示范试点的申报评审工作。关于循环经济产品及服务，对产品开展生态设计的企业；开展循环经济咨询服务、研发推广平台，对园区、生产企业开展服务并取得较好效果的企业或机构；发展信息服务业，构筑废弃物资源化的信息平台，建立循环经济信息发布系统并取得较好效果的企业或机构。

3. 关于印发 2015 年天津市服务业发展工作要点的通知（2015 年 7 月 9 日）

信息服务业的发展目标是在 2015 年，全市信息消费规模达到 3500 亿元，电信业务总量增速达 12%，信息服务业增加值增长 15% 以上，建设一批特色鲜明的创新型产业基地，初步成为国家重要的信息服务业高地。重点任务是提升信息基础设施建设，推动有线及无线宽带网络、第四代移动通信网络及无线宽带局域网络建设，继续实施包括农村区域在内的光纤入户改造工作，在重要公共区域推动免费无线网络项目建设。要壮大软件产业规模，努力打造软件产业聚集区。全面推进三网融合，重点推动农村有线电视数字化、双向化、信息化改造，督促电信、广电企业完成双向进入业务许可的审批。要加快推进信息消费、两化融合、工业电子商务集成创新、滨海工业云等国家试点示范工程建设，大力推进企业深度应用物联网、大数据、云计算等新一代信息技术进行数字化改造，推进企业建立两化融合管理体系，提升信息消费体验中心功能。

# 第四节　河北省政策

## 一、河北省政府

1. 关于进一步促进中小企业发展的实施意见（2010 年 3 月 5 日）

重点培育发展一批规划科学、主业突出、特色明显、规模大、链条长、竞争力强的中小企业产业集群。到 2012 年底，全省争取培育年营业收入超 100 亿元的产业集群为 30 个，年营业收入超 50 亿元的产业集群为 100 个，每个县（市、区）培育 1~2 个规模较大的产业集群。各地、各有关部门要在加快产业集聚、壮大龙头企业、促进专业化协作、延伸产业链条、建设公共服务体系等方面，抓紧研究制定扶持政策和鼓励措施，推动特色产业向园区集聚，培育一批带动性强的大企业、大集团，争创一批国家级区域品牌，增强集群产业竞争力和市场占有率。要提升信息化水平。实施中小企业上网工程，鼓励电信运营商、行业协会建设面向区域、行业和产业集群的中小企业信息化公共服务平台，增强企业信息获取能力。县级以上财政预算安排的信息化建设专项资金，要安排一定比例支持中小企业，引导企业提高研发创新能力，改善经营管理，开展电子商务，拓展对外联络和市场营销，提升中小企业信息综合竞争力。

2. 关于印发河北省现代服务业"十二五"发展规划实施意见的通知（2011年6月15日）

大力发展生产性服务业，拓展软件服务业发展空间。围绕研发设计、过程控制、企业管理、物流配送、市场营销、人力资源、技术改造等方面，提高工业软件和行业应用解决方案研发应用水平，发挥软件与信息服务业对其他服务业的支撑和推动作用。结合河北省实际，重点开展信息服务、金融、物流、医疗、法律、动漫、研发设计等领域的服务外包业。制定促进服务外包产业发展的政策措施，积极承接国际和京津服务外包产业转移，培育壮大一批服务外包基地，推进国际服务外包产业聚集。依托廊坊、秦皇岛、保定3个国家级经济技术开发区和高新技术产业开发区以及其他有条件的区域，着力培育1个国家级服务外包示范城市、4个省级服务外包示范城市、5个省级服务外包示范园区和50家省级服务外包示范企业。针对河北省现代服务业的一系列政策支持，其中包括放宽市场准入、实施税收优惠、加大资金投入、强化用地保障、完善价格和收费政策。

3. 关于加快发展生产性服务业的实施意见（2015年4月7日）

培育发展物联网、云存储及云计算产业，加快石家庄卫星导航、唐山智能工控等产业基地和张家口、承德、廊坊、秦皇岛等云服务基地建设，重点建设北斗区域性增强系统及位置服务平台、地理信息公共服务平台。确立现代物流业、信息服务业、金融服务业、科技服务业、商务服务业为河北省生产性服务业的发展重点。

4. 关于促进云计算创新发展培育信息产业新业态的实施意见（2015年5月28日）

为了加快推进云计算、大数据创新发展和深入应用，结合河北省实际情况，积极适应推进新型工业化、信息化、城镇化、农业现代化和政府治理能力现代化的需要，以全面深化改革为动力，以提升能力、深化应用、带动产业、强化保障为主线，坚持"市场主导、统筹协调、创新驱动、应用牵引、集约建设、保障安全"的原则，强化技术支撑，扩展应用领域，创新服务模式，培育骨干企业，优化设施布局，完善发展环境，促进云计算创新发展，培育信息产业新业态，推进信息资源高效利用，助推京津冀协同发展，为全省经济社会持续健康发展提供有力支撑。

（1）主要任务：云计算服务能力促进工程、云计算创新能力提升工程、云计算服务应用示范工程、电子政务集约化建设工程、数据资源开发共享工程、云计算产业链发展培育工程、云计算基础设施建设工程和云计算安全保障建设工程。

（2）保障措施：加强组织机制建设、优化产业发展环境、加大财税支持力度、完善投融资政策、强化京津冀产业协同和加强人才队伍建设。

（3）发展目标：到2017年，云计算基础设施建设基本完善，云计算数据中心布局较为合理。云计算在全省社会管理、重点领域和重点行业中的应用全面展开，产业链条不断完善，探索形成安全保障有力，服务创新、技术创新和管理创新协同推进的云计算发展格局。包括服务能力大幅提升、创新能力明显增强、应用示范成效显著、基础设施不断完善和安全保障基本健全。到2020年，云计算应用在全省基本普及，云计算基础设施满足云计算产业发展需求，张北云计算产业基地成为京津冀云存储主基地和国家示范绿色数据中心。引进和培育云计算相关企业1000家以上，基于云计算的信息产业新型业态快速发展，形成若干在全国具有较强竞争力的云计算研发和服务企业。云计算安全监管体系健全。

### 二、河北省发改委

软件与信息服务业发展"十二五"规划（2013年11月15日）。软件与信息服务业是经济社会发展的基础性、战略性、支撑性产业，具有"低能耗、低排放、高倍增、高渗透"的特征，是信息化与工业化融合和现代服务业的重要支撑，是培育战略性新兴产业的有力抓手。加快发展软件与信息服务业，是推进河北省产业结构调整、加快经济发展方式转变、实现经济结构优化升级的必然选择。坚持以科学发展观为指导，按照信息化与工业化深度融合和转变经济发展方式的总体要求，遵循"科学布局、产业聚集，应用为主、市场驱动，技术创新、产业融合，加强合作、对接京津"的原则，履行做大做强软件与信息服务业、全面支撑国民经济和社会发展的双重历史使命，发挥经济增长的倍增器、产业升级的助推器、发展方式的转换器和新兴产业的孵化器作用，实现为新型工业化服务、为国民经济和社会信息化服务，努力把软件与信息服务业打造成为河北省最重要的战略性新兴产业。

（1）发展重点。软件和信息技术服务业、信息内容服务业、信息传输服务业和产业聚集区建设。

（2）重大工程。京津冀产业对接工程、服务外包开拓工程、电信转型促进工程、传统产业改造提升工程、农村综合信息服务培育工程、物联网产业发展工程和研发中心和创新服务平台建设工程。

（3）主要措施。落实政策、完善机制、拓宽渠道、多元投入、整合资源、合力推进、打造平台、聚集发展和吸引人才、强化支撑。

（4）发展目标。到2015年，软件与信息服务业主营业务收入突破1500亿元，其中信息服务业（含通信业）超过500亿元。软件与离岸服务外包出口额突破1亿美元。建设7大产业聚集区，打造2个数据产业名城，培育1～2家产值规模超10亿元、5家超5亿元、10家超亿元的骨干企业，扶持50个品牌特色企业。产业发展的基础条件和政策环境得到进一步优化，软件与信息服务业对其他产业的支撑作用显著增强，形成以应用软件和嵌入式软件为基础、信息服务业发展为重点、产业聚集区建设为核心、京津冀协调互动的产业发展新格局。

# 附 录

**附表1 京津冀信息传输、软件和信息技术服务行业基本情况**

| 项目 | | 年份 地区 | 2004 | 2005 | 2006 | 2007 | 2008 | 2009 | 2010 | 2011 | 2012 | 2013 | 2014 |
|---|---|---|---|---|---|---|---|---|---|---|---|---|---|
| 综合 | 行业产值（亿元） | 北京 | 449.6 | 586.6 | 696.4 | 870.5 | 999.1 | 1066.5 | 1214.1 | 1493.4 | 1621.8 | 1749.6 | 2062 |
| | | 天津 | 65.14 | 77.13 | 84.35 | 92.82 | 109.37 | 135.45 | 154.14 | 172.1 | 176.61 | 196.14 | 220.49 |
| | | 河北 | | | | 271.84 | 286.3 | 238.28 | 249.38 | 270.9 | 278.56 | | |
| | 行业产值占地区生产总值比（%） | 北京 | | 10.35 | 10.39 | 10.63 | 10.75 | 10.43 | 9.02 | 9.3 | 9.05 | 8.97 | 9.7 |
| | 行业产值占第三产业比（%） | 北京 | | 14.86 | 14.45 | 14.47 | 14.27 | 13.81 | 12.02 | 12.32 | 11.85 | 11.67 | 12.4 |
| | 行业生产总值指数（上年＝100） | 北京 | 111.16 | 121.16 | 113.06 | 116.80 | 114.91 | 106.82 | 110.60 | 122.90 | 106.78 | 107.20 | 111.90 |
| | | 天津 | | | 109.9 | 115.4 | 116.4 | 108.3 | 106.7 | 102.3 | | | |
| 从业人员 | 法人单位数（个） | 北京 | | 14485 | 16334 | 19295 | 19295 | 20987 | 20878 | 21135 | 22151 | 47608 | |
| | | 天津 | | | | | | 2704 | 2974 | 3377 | 4123 | 6983 | |
| | | 河北 | | | | | | | 4875 | 4699 | 5106 | 4211 | 5233 |
| | 社会从业人员（万人） | 天津 | 3.05 | 3.73 | 4.52 | 5.09 | 4.56 | 4.73 | 5.11 | 5.42 | 5.81 | 7.98 | 11.96 |
| | | 河北 | 15.88 | 12.09 | 12.65 | 13.66 | 15.91 | 16.20 | 17.28 | 17.93 | 19.80 | 25.81 | |
| | 城镇非私营单位从业人员（万人） | 天津 | 1.91 | 2.43 | 2.30 | 2.38 | 2.53 | 2.48 | 2.24 | 2.08 | 3.27 | 3.57 | 3.85 |
| | 在岗职工人数（万人） | 天津 | 1.84 | 2.18 | 2.10 | 2.19 | 2.35 | 2.38 | 2.18 | 2.06 | 3.23 | 3.55 | 3.82 |
| | | 河北 | | 4.23 | 5.01 | 5.43 | 3.81 | 3.87 | 3.96 | 3.65 | 6.31 | 8.38 | |
| | 城镇单位就业人员（万人） | 北京 | | | 20.58 | 27.98 | 33.41 | 36.21 | 41.70 | 49.09 | 52.63 | 58.24 | 61.11 |
| | | 河北 | 10.12 | 7.37 | 7.95 | 8.40 | 8.96 | 9.68 | 9.87 | 10.14 | 11.47 | 14.31 | |

续表

| 项目 | | 年份<br>地区 | 2004 | 2005 | 2006 | 2007 | 2008 | 2009 | 2010 | 2011 | 2012 | 2013 | 2014 |
|---|---|---|---|---|---|---|---|---|---|---|---|---|---|
| 从业<br>人员 | 乡村单位就业<br>人员（万人） | 河北 | 5.76 | 4.72 | 4.70 | 5.26 | 6.95 | 6.52 | 7.41 | 7.79 | 8.33 | 11.50 | |
| | 城镇单位就业<br>人均工资（元） | 北京 | | | 83400 | 77500 | 97000 | 100800 | 105600 | 116800 | 127700 | 135300 | 149700 |
| | | 天津 | | | 40591 | 49220 | 54490 | 59022 | 73276 | 74804 | 87458 | 102922 | 116902 |
| 固定<br>资产<br>投资 | 社会固定资产投资<br>（亿元） | 北京 | 73.38 | 80.29 | 75.82 | 97.90 | 103.02 | 140.00 | 143.31 | 112.93 | 165.40 | 209.74 | |
| | | 天津 | 28.24 | 26.51 | 27.13 | 35.73 | 55.42 | 51.32 | 48.34 | 72.29 | 89.25 | 76.82 | 125.20 |
| | | 河北 | 66.10 | 68.50 | 82.20 | 60.50 | 96.00 | 12.40 | 41.20 | 78.60 | 88.80 | 115.60 | 133.50 |
| | 新增固定资产<br>投资（亿元） | 北京 | 50.57 | 24.75 | 48.07 | 60.69 | 24.33 | 56.94 | 74.40 | 54.83 | 149.53 | 71.24 | |
| | | 天津 | 12.34 | 12.77 | 9.18 | | | | 34.68 | 20.27 | 70.17 | 67.51 | 84.97 |
| | 城市电信、广播<br>电视和卫星传播<br>服务基础设施<br>投资（亿元） | 天津 | 18.40 | 26.40 | 26.10 | 35.40 | 44.50 | 49.40 | 42.58 | 55.68 | 76.55 | 58.58 | 67.50 |
| | 城镇投资施工项<br>目数（个） | 天津 | 51 | 44 | 25 | 33 | 32 | 45 | 56 | 124 | 65 | 94 | 132 |
| | | 河北 | | 166 | 134 | 102 | 73 | 109 | 108 | 38 | 48 | 43 | |
| | 城镇投资建成投<br>产项目数（个） | 天津 | 5 | 7 | 6 | 15 | 13 | 24 | 37 | 110 | 52 | 69 | 113 |
| | | 河北 | | 123 | 87 | 67 | 54 | 94 | 87 | 26 | 25 | 27 | |
| | 建设项目<br>投产率（%） | 河北 | | 74.10 | 65.00 | 65.70 | 73.97 | 86.24 | 80.56 | 68.42 | 52.08 | 62.79 | |
| | 城镇投资资金<br>来源合计（亿元） | 天津 | | 26.61 | 27.85 | 32.39 | 55.40 | 50.84 | 45.02 | 61.53 | 77.32 | 64.88 | 112.60 |
| 纳税 | 国税税收收入<br>（亿元） | 北京 | | | | 116.60 | 126.20 | 208.40 | 30.80 | 105.88 | 245.89 | 373.20 | |
| | 地税税费收入<br>（亿元） | 北京 | | | | 64.63 | 82.03 | 85.87 | 98.02 | 125.48 | 132.76 | 123.65 | |

注：2006～2011 年行业分类与 2012～2014 年有所差异，2006～2011 年取"信息传输、计算机服务和软件业"数据。

资料来源：经《北京统计年鉴》（2005～2015）、《天津统计年鉴》（2005～2015）、《河北统计年鉴》（2005～2015）汇总并整理得出。

## 附表2 京津冀信息服务业相关指标（除信息传输、软件和信息技术服务行业）基本情况

| 项目 | | 年份<br>地区 | 2004 | 2005 | 2006 | 2007 | 2008 | 2009 | 2010 | 2011 | 2012 | 2013 | 2014 |
|---|---|---|---|---|---|---|---|---|---|---|---|---|---|
| 价格指数（上年=100） | 通信消费价格指数 | 天津 | 95.5 | 94.8 | 94.7 | 94.5 | 94.4 | 95.1 | 92.6 | 92.9 | 94.8 | 98.9 | 99.6 |
| | | 河北 | 97.40 | 97.50 | 97.30 | 98.30 | 97.00 | 96.10 | 96.90 | 98.00 | 98.30 | 99.40 | |
| | 城市通信消费价格指数 | 河北 | 96.60 | 96.60 | 96.80 | 97.80 | 97.00 | 95.50 | 96.20 | 97.70 | 98.30 | 99.60 | |
| | 农村通信消费价格指数 | 河北 | 98.40 | 98.70 | 97.90 | 98.90 | 97.00 | 97.20 | 98.40 | 98.60 | 98.50 | 99.00 | |
| | 城市通信器材零售价格指数 | 天津 | 72.20 | 70.50 | 68.00 | 64.90 | 65.90 | 67.00 | 68.60 | 65.00 | 63.10 | 88.79 | 95.50 |
| 人民生活 | 城市居民家庭平均每百户家用电脑年末拥有量（台） | 北京 | 79 | 89 | 96 | 92 | 86 | 97 | 104 | 104 | 112 | 110 | |
| | | 天津 | 41.2 | 51.1 | 59.2 | 66.6 | 72.4 | 80.3 | 91.2 | 95.6 | 98.9 | 72 | 76.7 |
| | | 河北 | 24 | 37.63 | 42.68 | 49.68 | 55.27 | 57.3 | 61.32 | 74.74 | 75.53 | 70.29 | |
| | 城市居民家庭平均每百户固定电话年末拥有量（部） | 北京 | 106.8 | 106.8 | 107.7 | 105.7 | 99.9 | 100.2 | 99.4 | 92.4 | 92.5 | | |
| | | 天津 | | | | 87.4 | 84.9 | 82.9 | 80.5 | 73.9 | 67.8 | 52.4 | 57.5 |
| | | 河北 | 1554.9 | 1581.6 | 1600.6 | 1526.7 | 1457.5 | 1343.9 | 1251.4 | 1242.7 | 1207.7 | 1152.4 | 1085.1 |
| | 城市居民家庭平均每百户移动电话年末拥有量（部） | 北京 | 165 | 190 | 206 | 207 | 191 | 213 | 221 | 215 | 226 | 225 | |
| | | 天津 | 107.1 | 122.1 | 143.7 | 162.3 | 179.1 | 190.4 | 205.2 | 217 | 225 | 215.6 | 220.4 |
| | | 河北 | 1512.9 | 1785.5 | 2251 | 2814.8 | 3214.1 | 3788.9 | 4353.6 | 5094.5 | 5513.1 | 6006.2 | 6229.1 |
| | 城市居民家庭平均每百户彩色电视机年末拥有量（台） | 北京 | 151 | 153 | 155 | 147 | 134 | 138 | 140 | 138 | 141 | 140 | |
| | 农村居民家庭平均每百户家用电脑年末拥有量（台） | 北京 | 27 | 36 | 41 | 46 | 52 | 58 | 64 | 63 | 67 | 74 | |
| | | 天津 | 8 | 10 | 12 | 16 | 19 | 23 | 29 | 37 | 44 | 42.6 | 45.5 |
| | | 河北 | 0.79 | 1.21 | 2.02 | 2.83 | 4.07 | 6.05 | 9.69 | 25.57 | 30.4 | 29.09 | |
| | 农村居民家庭平均每百户移动电话年末拥有量（部） | 北京 | 102 | 139 | 161 | 182 | 201 | 212 | 224 | 231 | 235 | 221 | |
| | | 天津 | 36 | 89 | 108 | 130 | 146 | 162 | 182 | 188 | 196 | 196.6 | 203.4 |
| | 农村居民家庭平均每百户固定电话年末拥有量（部） | 河北 | 671.8 | 680.9 | 652 | 594.8 | 528.4 | 473.8 | 439.5 | 428.6 | 356.9 | 312.3 | |

| 项目 | | 年份\地区 | 2004 | 2005 | 2006 | 2007 | 2008 | 2009 | 2010 | 2011 | 2012 | 2013 | 2014 |
|---|---|---|---|---|---|---|---|---|---|---|---|---|---|
| 人民生活 | 农村居民家庭平均每百户彩色电视机年末拥有量（台） | 北京 | 119 | 129 | 131 | 134 | 137 | 138 | 139 | 134 | 136 | 132 | |
| | 城市居民人均交通通信支出（元） | 北京 | 1562.2 | 1943.5 | 2173.3 | 2328.5 | 2293.2 | 2767.9 | 3420.9 | 3521.2 | 3781.5 | | |
| | | 天津 | 787.71 | 940.29 | 1092.87 | 1309.94 | 1567.87 | 1968.37 | 2454.38 | 2700 | 3083 | 3056 | 3182 |
| | 农村居民人均交通通信支出（元） | 北京 | 512.2 | 615.5 | 698.1 | 778.5 | 950.5 | 1132.1 | 1112.4 | 1228.2 | 1398.8 | | |
| | | 天津 | 241 | 270 | 298 | 315 | 335 | 380 | 406 | 751 | 1066 | 1811 | 1813 |
| 电信业务基本情况 | 电信业务总量（亿元） | 北京 | 312.71 | 372.37 | 468.39 | 634.59 | 753.78 | 866.75 | 380.23 | 436.29 | 488.01 | 594 | |
| | | 天津 | 135.48 | 166 | 212.32 | 284.1 | 334.64 | 359.76 | 259.43 | 159.1 | 159.87 | 173.79 | 207.55 |
| | | 河北 | 406.28 | 498.36 | 608.15 | 810.45 | 1014.96 | 1149.28 | 1293.51 | 491.34 | 538.7 | 651.66 | 728.09 |
| | 移动电话普及率（部/百人） | 北京 | | 96.3 | 99.4 | 97.9 | 95.3 | 104 | 108.6 | 127.6 | 153.1 | 159.53 | |
| | 长途光缆线路长度（公里） | 北京 | 3200 | 3300 | 3000 | 3500 | 3600 | 3700 | 4100 | 4100 | 4100 | 4100 | |
| | | 天津 | 1873 | 2244 | 2884.6 | 2960 | 3045 | 3110 | 3106 | 3106 | 3106 | 3481 | 3481 |
| | 局用电话交换机容量（万门） | 北京 | 1109.1 | 1383.9 | 1510.9 | 1547.5 | 1542.3 | 1483.1 | 1415.1 | 1329.7 | 1586.14 | 1683.3 | |
| | | 天津 | 423.8 | 628.8 | 619.03 | 623.27 | 570.43 | 424.26 | 345.29 | 299.76 | 246.74 | 201 | 152.8 |
| | 移动电话交换机容量（万户） | 北京 | 1597 | 1782 | 2088 | 2398 | 3106 | 3814 | 4134 | 4474 | 4734 | 4820 | |
| | | 天津 | 559 | 619 | 845 | 1065 | 1560 | 1840 | 1790 | 2045 | 2022 | 2355 | 2355 |
| | | 河北 | | | | | | | | 9435 | 11205.22 | 11258.8 | 11550.66 |
| 互联网主要指标 | 互联网上网人数（万人） | 北京 | 402 | 428 | 468 | 737 | 980 | 1103 | 1218 | 1379 | 1458 | 1556 | |
| | | 天津 | 193 | 229 | 260 | 287 | 485 | 564 | 648 | 719 | 793 | 866 | 904 |
| | | 河北 | | | 631 | 762 | 1334 | 1842 | 2197 | 2597 | 3008 | 3389 | 3603 |
| | 互联网宽带接入用户（万户） | 北京 | | | | | | 451.7 | 545.6 | 523.4 | 572 | 534.7 | |
| | | 天津 | | 65 | 91.63 | 118.05 | 136.3 | 154.55 | 172.37 | 190.19 | 213.51 | 271.88 | 270.8 |
| | | 河北 | | | | | | | 667.00 | 824.50 | 963.90 | 1031.60 | 1127.60 |
| | 互联网宽带接入端口（万个） | 北京 | | 335.2 | 398.7 | 455.3 | 563.2 | 633.4 | 801.8 | 1076.8 | 1186.8 | | |
| | | 天津 | | 95.9 | 119.2 | 163.1 | 184.5 | 230 | 367.9 | 442.2 | 354.1 | | 415 |
| | | 河北 | | 235.9 | 301.9 | 466.8 | 724 | 924.3 | 1150.4 | 1756 | 2049.3 | 2204.7 | |

续表

| 项目 | | 年份<br>地区 | 2004 | 2005 | 2006 | 2007 | 2008 | 2009 | 2010 | 2011 | 2012 | 2013 | 2014 |
|---|---|---|---|---|---|---|---|---|---|---|---|---|---|
| 软件<br>业基<br>本情<br>况 | 软件产业业务<br>收入（亿元） | 北京 | | 860 | 1060 | 1263 | 1573 | 1882 | 2425 | 2946.12 | 3612.09 | 4210.6 | 4720 |
| | | 天津 | | | | | | | 271 | 370 | 554 | 711 | 903 |
| | 软件业务收入<br>超亿元企业数 | 天津 | | | | | | | 41 | 59 | 95 | 118 | 170 |

注：2005 年天津城市居民人均交通通信支出、2010 年天津电信业务总量、2008 年和 2010 年互联网宽带接入用户数据缺失，取前后两年平均值计算得出。

资料来源：经《北京统计年鉴》（2005～2015）、《天津统计年鉴》（2005～2015）、《河北统计年鉴》（2005～2015）及《中国统计年鉴》（2005～2015）汇总并整理得出。

**附表3　2014 年北京各领域并购案例与涉及金额占比情况表**

| 领域 | 案例数 | 交易金额（万元） | 占比（%） |
|---|---|---|---|
| 行业信息化 | 23 | 565741 | 12.21 |
| 互联网游戏 | 22 | 1231084 | 26.57 |
| 其他新一代互联网应用 | 18 | 294289 | 6.35 |
| 系统软件 | 11 | 491436 | 10.61 |
| 信息安全 | 8 | 243291 | 5.25 |
| 大数据 | 6 | 255370 | 5.51 |
| 北斗车联网 | 5 | 837100 | 18.07 |
| 电子商务 | 5 | 41920 | 0.90 |
| 互联网教育 | 5 | 37293 | 0.80 |
| 云计算 | 5 | 17380 | 0.38 |
| 互联网金融 | 4 | 63680 | 1.37 |
| 智能硬件 | 4 | 337289 | 7.28 |
| 文化数字创意 | 2 | 132800 | 2.87 |
| 物联网 | 2 | 61020 | 1.32 |
| 智能健康 | 1 | 24000 | 0.51 |
| 合计 | 121 | 4633693 | 100.00 |

附表 4　2014 年第十三届中国软件业务收入前百强名单（北京地区）

| 全国排名 | 公司名称 |
|---|---|
| 12 | 北大方正集团有限公司 |
| 14 | 航天信息股份有限公司 |
| 15 | 同方股份有限公司 |
| 20 | 大唐电信科技股份有限公司 |
| 23 | 神州数码系统集成服务有限公司 |
| 25 | 东华软件股份公司 |
| 29 | 亚信科技（中国）有限公司 |
| 32 | 北京中软国际信息技术有限公司 |
| 33 | 中国软件与技术服务股份有限公司 |
| 34 | 中国民航信息网络股份有限公司 |
| 35 | 太极计算机股份有限公司 |
| 38 | 北京全路通信信号研究设计院有限公司 |
| 39 | 北京小米移动软件有限公司 |
| 40 | 用友软件股份有限公司 |
| 41 | 中科软科技股份有限公司 |
| 48 | 软通动力信息技术（集团）有限公司 |
| 50 | 联动优势科技有限公司 |
| 57 | 石化盈科信息技术有限责任公司 |
| 58 | 博雅软件股份有限公司 |
| 59 | 北京华胜天成科技股份有限公司 |
| 64 | 北京中油瑞飞信息技术有限公司 |
| 69 | 北京神州泰岳软件股份有限公司 |
| 70 | 广联达软件股份有限公司 |
| 73 | 文思海辉技术有限公司 |
| 74 | 博彦科技股份有限公司 |
| 76 | 瑞斯康达科技发展股份有限公司 |
| 77 | 北京四方继保自动化股份有限公司 |
| 81 | 北京握奇数据系统有限公司 |
| 91 | 北京宇信易诚科技有限公司 |
| 99 | 高伟达软件股份有限公司 |
| 100 | 北京先进数通信息技术股份有限公司 |

附表5　北京中关村科技园区发展基本情况

| 年份 | 2008 | 2009 | 2010 | 2011 | 2012 | 2013 |
|---|---|---|---|---|---|---|
| 总体产值（亿元） | 1934.1 | 2263.7 | 2615.1 | 3111 | 3647.5 | 4227.7 |
| 占北京市比重（%） | 17.4 | 18.6 | 18.5 | 19.1 | 20.4 | 21.7 |
| 发展指数（2008年=100） | 100 | 114.2 | 130.5 | 147.3 | 174.7 | 206.4 |
| 辐射带动指数（2008年=100） | 100 | 102 | 136.2 | 143.7 | 191.2 | 229.8 |

资料来源：《北京统计年鉴》（2009~2014），《中关村指数2014分析报告》。

附表6　2013年中关村输出技术合同成交额流向

| | 金额（亿元） | 占比（%） |
|---|---|---|
| 流向本市 | 480.6 | 19.30 |
| 流向外省市 | 1464.1 | 58.90 |
| 出口 | 539.4 | 21.70 |

资料来源：《中关村指数2014分析报告》。

附表7　2013年中关村科技园区流向外省市
技术合同成交额领域分布　　　　　单位：亿元

| 合同类别 | 成交额 |
|---|---|
| 核应用 | 316.2 |
| 电子信息 | 183.2 |
| 城市建设与社会发展 | 128.1 |
| 环境保护与资源综合利用 | 112.4 |
| 新能源与高效节能 | 101.9 |
| 先进制造 | 46.6 |
| 航空航天 | 17.5 |
| 生物、医药和医疗器械 | 17.2 |
| 新材料及其应用 | 16.4 |
| 农业 | 1.8 |

资料来源：《中关村指数2014分析报告》。

附表8　天津市信息传输、软件和信息技术服务
行业城镇固定资产投资资金来源　　　　　　单位：亿元

| 年份 | 2005 | 2006 | 2007 | 2008 | 2009 | 2010 | 2011 | 2012 | 2013 | 2014 |
|---|---|---|---|---|---|---|---|---|---|---|
| 资金合计 | 26.61 | 27.85 | 32.39 | 55.4 | 50.84 | 45.02 | 61.53 | 77.32 | 64.88 | 112.6 |
| 上年末结余资金 | 0.19 | 0.6 | 1.76 | | | | 0.04 | 0.47 | 0.51 | 0.47 |
| 本年资金小计 | 26.41 | 27.25 | 30.64 | 55.4 | 50.84 | 45.02 | 61.49 | 76.89 | 64.37 | 112.13 |
| 国家预算内资金 | | 0.05 | | | | 0.03 | | 0.15 | | 2.8 |
| 国内贷款 | 0.83 | 0.67 | 0.33 | | | 0.08 | | 0.1 | 1 | 5.45 |
| 利用外资 | | | | 2.2 | | 0.66 | 1.3 | | 0.19 | |
| 自筹资金 | 25.38 | 26.53 | 30.11 | 46.99 | 49.94 | 44.25 | 60.15 | 76.61 | 63.13 | 103.48 |
| 企事业单位自有资金 | 25.38 | 26.5 | 9.68 | 30.03 | 37.65 | 38.09 | 41.15 | 54.48 | 45.41 | 62.88 |
| 其他资金 | 0.2 | | 0.2 | 6.22 | 0.9 | | 0.04 | | 6.22 | 0.4 |

注：2006～2011年行业分类与2012～2014年有所差异，2006～2011年取"信息传输、计算机服务和软件业"数据。

资料来源：《天津统计年鉴》（2006～2015）。

附表9　天津市"双软"认定及著作权登记数量

| 年份 | 2009 | 2010 | 2011 | 2012 | 2013 | 2014 |
|---|---|---|---|---|---|---|
| 累计等级软件产品数 | 1163 | 1376 | 1607 | 1957 | 2482 | 3029 |
| 累计登记著作权数 | 3194 | 4417 | 6456 | 9309 | 11848 | 12797 |
| 累计认定软件企业数 | 375 | 423 | 467 | 508 | 544 | 621 |

资料来源：《2014天津服务业发展报告》。

附表10　天津市2014年科技计划技术领域分布及执行情况　　　单位：%

| 领域类别 | 科技计划新增项目分布 | 科技计划结题项目分布 | 科技支撑计划新增项目分布 | 科技支撑计划新增项目总经费投入分布 | 科技支撑计划新增项目市财政经费投入分布 |
|---|---|---|---|---|---|
| 电子信息 | 22.5 | 17.1 | 19.5 | 19.1 | 13.9 |
| 先进制造自动化 | 18.4 | 15.6 | 17.2 | 20.4 | 14.1 |
| 生物医药 | 17.3 | 20.9 | 23.7 | 21.7 | 29 |
| 材料化工 | 11.3 | 12.2 | 7.7 | 13.3 | 7.5 |
| 资源环境 | 9.8 | 11.6 | 11.6 | 12.1 | 13.6 |

续表

| 领域类别 | 科技计划新增项目分布 | 科技计划结题项目分布 | 科技支撑计划新增项目分布 | 科技支撑计划新增项目总经费投入分布 | 科技支撑计划新增项目市财政经费投入分布 |
|---|---|---|---|---|---|
| 农业农村 | 6.7 | 6.7 | 9 | 4.8 | 12.1 |
| 非技术领域 | 4.5 | 5.7 | | | |
| 能源交通 | 4 | 4.2 | 4.7 | 3.3 | 3.3 |
| 城建社会事业 | 3.9 | 3.8 | 2.9 | 2.8 | 3.2 |
| 人口健康 | 1 | 1.6 | 2.4 | 1.2 | 2.5 |
| 航空航天 | 0.6 | 0.6 | 1.3 | 1.3 | 0.8 |

资料来源:《天津市科技计划年度执行报告（2015）》。

**附表11  河北省城镇非私营单位就业人员工资基本情况**　　　　单位：万元

| 基本情况＼年份 | 2005 | 2006 | 2007 | 2008 | 2009 | 2010 | 2011 | 2012 | 2013 |
|---|---|---|---|---|---|---|---|---|---|
| 就业人员工资总额 | 11.70 | 13.80 | 15.70 | 18.00 | 22.10 | 24.10 | 27.10 | 32.90 | 60.40 |
| 在岗职工工资总额 | 11.30 | 13.50 | 15.50 | 14.80 | 17.60 | 19.10 | 20.80 | 32.50 | 59.90 |
| 国有经济 | 7.80 | 9.10 | 9.70 | 8.70 | 9.80 | 11.20 | 10.60 | 12.40 | 12.90 |
| 城镇集体经济 | 0.03 | 0.03 | 0.03 | 0.02 | 0.03 | 0.10 | 0.20 | 0.10 | 0.10 |
| 其他就业人员工资总额 | 0.34 | 0.29 | 0.20 | 3.10 | 4.50 | 5.00 | 6.10 | 0.40 | 0.50 |

资料来源:《河北统计年鉴》（2006～2014）。

# 大事记

## （2014 年 1 月至 2015 年 11 月）

2014 年 1 月，天津市推荐申报的天津凌奥创意科技企业孵化器有限公司、天津京滨科技企业孵化器有限公司等 5 家科技企业孵化器通过科技部认定，正式成为国家级科技企业孵化器。

2014 年 4 月，北京市首家软件企业创业孵化基地正式落户中关村核心区内的清华同方科技园。

2014 年 5 月，北京中关村海淀园秦皇岛分园在秦皇岛经济技术开发区正式挂牌。碧水源、千方等 5 家海淀区知名企业率先入驻，将在秦皇岛分园建立自己的分公司。

2014 年 6 月，北京市政府审议通过了《加快推进科研机构科技成果转化和产业化的若干意见（试行）》。

2014 年 7 月，北京中关村成立国内首家开展数据资产登记确权赋值的服务机构"中关村数海数据资产评估中心"。

2014 年 8 月，北京中关村科技园区管理委员会与渣打银行签署战略合作协议；由清华大学科技园、北京航空航天大学国家大学科技园等 14 家单位共同发起的国家大学科技园研究会在北京成立。

2014 年 9 月，北京林业大学科技园被科技部、教育部认定为国家大学科技园；京冀共建张北云计算产业园，张北将建成京津冀区域规模最大的云计算与数据中心产业基地；中关村核心区创新创业服平台启动暨 2014 年集中办公区授牌仪式在中关村展示中心举行。

2014 年 10 月，北京硅谷国际信息产业总部项目一期在唐山市路南区开工建设。

2014 年 11 月，京津冀青年科技创业孵化基地入选首批全国青年创业示范园区；北京大学 EMBA 教育培训脑库基地与天津电子商务产业园就脑库孵化园项目合作签约。

2014 年 12 月，石家庄市首个以电商为特色的市级创业孵化园正式开园；科技部党组书记、副部长王志刚深入天津市华明高新区考察，肯定了东丽区在促进科技成果转化和产业化方面取得的成效。

2015 年 1 月，天津电子商务产业园与北京木业商会、天津市北京商会签署三方战略合作协议。天津航大中天科技发展有限公司获科技部"苗圃—孵化器—加速器"科技创业孵化链条建设示范单位的称号。天津电子商务产业园获批国家火炬特色产业基地。

2015 年 2 月，河北省省长张庆伟主持召开省政府常务会议时强调重点发展现代物流业、信息服务业、金融服务业、科技服务业和商务服务业。

2015 年 3 月，河北省廊坊市委书记进京对接电子信息产业，打造京津冀发展先行区；河北省保定市人民政府和中国数字信息与安全产业联盟签署战略合作框架协议；河北省张家口张北云计算产业基地规划论证会召开；中国宏泰产业市镇发展有限公司与北京大学产业技术转移战略平台在京举行合作协议签约仪式。

2015 年 4 月，天津市南开区以"京津冀协同创新"为主题的项目集中签约仪式在金融街（天津）中心举行，协议金额达 117 亿元；河北省政府与浪潮集团有限公司在石家庄市签署"共同发展云计算大数据产业战略合作协议"；河北保定中关村创新中心挂牌。

2015 年 5 月，北京中关村发展集团与首创集团正式签约，两家企业将联手在北京市海淀区北部共建中关村集成电路设计园，园区建设面积将达 22 万平方米。国家质检总局同意命名北京中关村科技园区为"全国软件与信息产业知名品牌创建示范区"；北京亦庄一举签下元心产业互联网产业中心、佳讯飞鸿物联网及无人系统产业园、贝达新药研发中心等 5 个项目，总金额为 30.7 亿元。

2015 年 6 月，河北省保定市委书记聂瑞平来到高新区，围绕产业项目发展走进企业和园区进行调研；河北省政府提出到 2020 年，云计算应用在全省基本普及，建成"云上河北"智能系统；清华大学天津电子信息研究院落户中新天津生态城科技园，公共实验平台将向社会开放。

2015 年 7 月，由中信国安集团设立的创客孵化平台"国安创客"在北京市、天津市、河北省同时签约。该集团投资 15 亿元，在三地各设一个 1 万多平方米的物理孵化空间，同时"国安创客"将在导师、培训、人才等八个方面给予入驻创客支持。天津空港经济区商务园区内的京津冀商务中心正式启动，将为三地企业提供免费的线上信息对接平台，并同步线下服务，打造线上线下一体化的全要素创业孵化器。

2014 年 8 月，河北省张家口张北云计算产业园对接推介会在京举行。会上，北京市经信委与河北省工信厅领导签署了《关于张北云计算产业园项目建设的战略合作框架协议》；市工信局、北京国电通公司、北京世纪互联宽带数据中心有限公司负责人签署了《关于张家口张北云联数据中心项目战略合作框架协议》。智慧中关村地理信息平台上线，"中关村创业地图"帮助企业定位服务资源。北京中关村大数据产业联盟和戴尔、浪潮等国内外知名大数据公司，与河北省承德市在京签署协议，将在承德市部署建设数据中心、区域总部等，投资总额预计达220 亿元。河北省石家庄市新华区联手中关村海淀创业园打造省内最大科技孵化器——北京金种子创业谷石家庄众创空间。

2015 年 9 月，京冀 52 个项目签约天津市东丽区，总投资额近 196 亿元；北京华商会海归创业基地在创客全球孵化器揭牌成立；北京中关村正式开建总建筑规模 21 万平方米的集成电路设计园；河北省张家口市首个大众创业孵化园开园；北京中关村海淀园管委会举办"环球商机——卢森堡商机研讨"活动，助力海淀园高新技术企业走进欧洲。

2015 年 10 月，以供应链为核心的中国最大智能硬件创新创业平台硬蛋的体验厅"硬蛋空间"正式落户北京中关村；河北省保定涞水产业新城的中国电科院涞水电子科技园项目、北京理工雷科电子信息有限公司卫星导航及雷达生产基地项目等 4 个重点项目奠基开工，总投资达 165.5 亿元；大唐电信与天津矿产资源交易所就共同建立京津冀"互联网＋金融"创业创新孵化基地签订战略合作协议；北京市、天津市、河北省三地残疾人联合会在石家庄携手启动首家京津冀残疾青年创业孵化园，并开通了京津冀残疾人就业创业网络服务平台，重点服务人群为京津冀三地有创业意愿的残疾大学生；天津首家"互联网＋产业园"——麦谷产业园盛大开园，天津市正式启动实施大数据与云计算重大科技专项，计划将用 3 年时间，培养大数据与云计算等新一代信息技术创新型企业，构建信息产业聚集区；北京亦庄开发区首个专业定位的互联网创新园启用。

2015 年 11 月，河北省张家口市怀安工业园区被授予首批国家应急产业示范基地；北京中关村科技园丰台园的贝壳菁汇创新生态圈成功登陆北京四板市场；京津冀协同创新共同体论坛举行，签署 13 项协议。

# 参考文献

［1］北京经济技术开发区．北京亦庄［EB/OL］．2016 - 01 - 01，http：//www. bda. gov. cn/cms/kjdtsj/128870. htm.

［2］北京密云经济开发区．开发区简介［EB/OL］．2016 - 02 - 01，http：//www. bmida. gov. cn/f/list - intoThePark - 18.

［3］北京软件和信息服务业协会．北京软件和信息服务业产业发展报告2015［R］．2015.

［4］北京市经济和信息化委员会．北京市软件和信息服务业2014年经济运行报告［EB/OL］．2015 - 01 - 01，http：//www. bjeit. gov. cn/ zwgk/ywsj/xxhyx/81326. htm.

［5］北京市信息化工作办公室．北京市信息服务业发展报告2006［R］．2007.

［6］北京雁栖经济开发区．雁栖概览［EB/OL］．2016 - 02 - 01，http：//www. yda. gov. cn/html/2013051161. htm.

［7］陈万钦．"十三五"时期河北省应重点发展的服务行业及主要任务［J］．经济与管理，2015（29）.

［8］高景祥．天津市信息服务业发展的SWOT分析［J］．图书与情报，2009（1）.

［9］工业和信息化部运行监测协调局．中国电子信息产业统计年鉴［M］．北京：电子工业出版社，2005 - 2014.

［10］国家发展和改革委员会．国家级新区发展报告［M］．北京：中国计划出版社，2015.

［11］国家科学技术部．国家重点园区创新监测报告2014［M］．北京：科学技术文献出版社，2014.

［12］国务院新闻工作办公室. 北京市电子商务发展现状［EB/OL］. 2015 – 01 – 01, http：//www. scio. gov. cn/ztk/xwfb/96/10/Document/12 16357/1216357. htm.

［13］河北省统计局. 2012 年 1~10 月河北省固定资产投资完成情况［EB/OL］. 2012 – 12 – 01, http：//www. hetj. gov. cn/article？id = 5o17.

［14］河北省统计局. 运行河北省软件与信息服务业发展"十二五规划"［EB/OL］. 2016 – 01 – 10, http：//www. hebei. gov. cn/hebei/ 10731222/10751796/ 10758975/12374627/index. html.

［15］石家庄信息产业基地［EB/OL］. 2016 – 01 – 01, 河北园区招商网, http：//hb. cnipai. com/park/6242/detail/.

［16］胡晓威. 京津冀现代服务业区域差异及协同发展研究［D］. 石家庄：河北经贸大学硕士学位论文, 2015.

［17］雷鸣, 王天耀. 天津市信息服务业发展存在的问题与对策［J］. 中国商界, 2010（3）.

［18］李晶. 多种智慧社区平台进入天津市近 30 个大型居住区［EB/OL］. 2015 – 12 – 15, http：//www. 022net. com/2015/1215/4 51641253398623. html.

［19］李穆南. 北京软件和信息服务业发展模式研究［D］. 北京：首都经济贸易大学硕士学位论文, 2012.

［20］罗永泰. 天津现代服务业发展历程与趋势探索［M］. 天津：天津古籍出版社, 2015.

［21］孟景伟. 立足海淀, 助力软件和信息服务业［J］. 中国高新技术产业导报, 2012（7）.

［22］秦志前. 科技信息服务业现状及其发展［J］. 中国信息导报, 2006（2）.

［23］石家庄高新技术开发区. 石家庄国家高新区简介［EB/OL］. 2014 – 05 – 09, http：//www. shidz. com/gxgk/index. jsp.

［24］天津国家自主创新示范区获批: 形成一区多园格局［EB/OL］. 2016 – 01 – 10, http：//www. chinadaily. com. cn/dfpd/tj/201412/25/ content_ 19168328. htm.

［25］天津经济技术开发区. 开发区服务外包产业发展情况汇报［EB/OL］. 2016 – 01 – 10, http：//www. teda. gov. cn/html/teda_ index2011 /TDZT/fuwb/fw-wb. html.

［26］天津市工业和信息化委员会. 本市打造"互联网 + 交通"五大应用系

统［EB/OL］. 2016－01－10, http：//www. tjec. gov. cn/Jjyx/ 55290. htm.

［27］天津市工业和信息化委员会. 天津实现光纤网络全覆盖　宽带感知网速全国第三［EB/OL］. 2016－01－10, http：//www. tjec. gov. cn/Jjyxn/56627. htm.

［28］天津市工业和信息化委员会. 天津逾六成企业实施 ERP 管理　信息化水平位居全国前列［EB/OL］. 2016－01－10, http：//www. miit. gov. cn/n11293472/n11293832/n11293907/n11368244/15214593. html.

［29］天津市科技服务业协会. 泰达服务外包产业园又添发展新动力［EB/OL］. 2016－01－10, http：//www. tstsw. org/javassf/hyxw/ 406. html.

［30］天津市科学技术委员会. 天津市科技计划年度执行报告［R］. 2015.

［31］天津市软件行业协会. 2015 年度推广优秀软件产品活动名单揭晓　我市多项软件产品入围［EB/OL］. 2016－01－01, http：//www. tsia. com. cn/index. php? a = show&c = index&catid = 23&id = 5234&m = content.

［32］天津市软件行业协会. 2015 年中国软件企业信用等级评价结果发布天津市申报企业全部获评 AAA 级［EB/OL］. 2016－01－01, http：//www. tsia. com. cn/index. php? a = show&c = index&catid = 23&id = 5199&m = content.

［33］天津市现代服务业发展领导小组办公室. 2013 天津服务业发展报告［M］. 天津：天津科学技术出版社, 2013

［34］天津市现代服务业发展领导小组办公室. 2014 天津服务业发展报告［M］. 天津：天津科学技术出版社, 2014

［35］天津市中小企业发展促进局. 电子政务五个一助力智慧城市　天津市民多方面收益［EB/OL］. 2016－01－10, http：//www. smetj. gov. cn/newIndex/disp. jsp? id =57, 869.

［36］王辰晨. 北京市现代信息服务业经济效应研究［D］. 北京：北京交通大学硕士学位论文, 2015.

［37］王振宇, 石宝军. 河北省现代信息服务业发展对策［J］. 社会科学论坛. 2008 (3) .

［38］中关村软件和信息服务业促经济转型扫描［EB/OL］. 2014－06－10, 新华网, http：//news. xinhuanet. com/fortune/201406/10/ c_ 1111065558. htm.

［39］廊坊打造云基地［EB/OL］. 2014－05－22, 新华网, http：//news. xinhuanet. com/info/2014－05/22/c_ 133352428. htm.

［40］燕郊国家高新技术产业开发区情况介绍［EB/OL］. 2014－05－09,

新浪网，http：//hebei. sina. com. cn/lf/focus/2014 – 05 – 09/1443322 0. html.

［41］邢元敏，薛进文．新时期京津"双城记"：京津冀协同发展研究（一）［M］．天津：天津人民出版社，2014.

［42］邢元敏，薛进文．优势互补合作共赢：京津冀协同发展研究（二）［M］．天津：天津人民出版社，2015.

［43］熊文娟．北京市信息服务业发展趋势探究［D］．北京：首都师范大学硕士学位论文，2009.

［44］叶堂林．京津冀协同发展的基础与路径［M］．北京：首都经济贸易大学出版社，2015.

［45］于澜．北京市信息服务业的发展现状和竞争力水平分析［J］．经营管理者，2015（31）.

［46］张娟娟．京津冀视角下天津信息服务产业竞争力比较分析［J］．信息系统工程，2014（8）.

［47］张茜．北京市信息服务业发展水平评价研究［D］．北京：北京邮电大学硕士学位论文，2011.

［48］张文卿．产业结构调整下河北省信息服务类人才培养探究［J］．科技风，2015（3）.

［49］张亚飞，赵俊玲．试析河北省电子信息服务业的发展策略［J］．河北科技图苑，2013（26）.

［50］中工招商．石家庄信息产业基地［EB/OL］．2016 – 01 – 01，http：//shijiao94. y. zhaoshang800. com/.

［51］中关村朝阳园．园区简介［EB/OL］．2014 – 07 – 01，http：//www. zgc – dzc. gov. cn/html/2014 – 07/zy – 636_ 207. htm.

［52］中关村东城园．东城园高新技术产业［EB/OL］．2016 – 03 – 01，http：//www. zgc – yhy. gov. cn/n1569/n2458434/n13467995/148487 32. html.

［53］中关村东城园．中关村科技园区东城园介绍［EB/OL］．2016 – 03 – 01，http：//www. zgc – yhy. gov. cn/n1569/n2458434/n2462131 /index. html

［54］中关村管委会，中关村指数2014分析报告［EB/OL］．2015 – 06 – 30，http：//www. zgc. gov. cn/fzbg/sjbg/96920. htm

［55］中关村管委会．中关村国家自主创新示范区［EB/OL］．2016 – 02 – 01，http：//www. zgc. gov. cn/sfqgk/gyjj/.

［56］中关村国家自主创新示范区．示范区介绍［EB/OL］．2014 – 10 – 01，http：//www. zgc. gov. cn/sfqgk/56261. htm.

［57］中关村国家自主创新示范区．一区多园［EB/OL］．2016 – 03 – 01，http：//www. zgc. gov. cn/sfqgk/gyjj/.

［58］中关村科技园区海淀园管理委员会．园区概况（发展环境）［EB/OL］．2016 – 01 – 01，http：//www. zhsp. gov. cn/yqgk/fzgh/.

［59］中关村科技园区海淀园管理委员会．园区概况（核心区经济发展状况）［EB/OL］．2016 – 01 – 01，http：//www. zhsp. gov. cn/yqgk/ mlhxq/jjfz/.

［60］中关村科技园区海淀园管理委员会．园区概况（战略性新兴产业）［EB/OL］．2016 – 01 – 01，http：//www. zhsp. gov. cn/yqgk/xxcy/.

［61］中关村西城园：都市型现代服务业核心集聚区［EB/OL］．2014 – 12 – 03，中国创新网，http：//www. chinahightech. com/html/1271/ 2014/1203/15362405. html.

［62］天津国家自主创新示范区获批：形成一区多园格局［EB/OL］．2016 – 01 – 10，中国日报，http：//www. chinadaily. com. cn/dfpd/tj/ 2014 – 12/25/content_ 19168328. htm.

［63］中国软件行业协会．2015 中国软件和信息技术服务业发展研究报告［M］．北京：中国软件行业协会，2015.

［64］2012 年河北省软件产业业务收入统计分析［EB/OL］．2013 – 06 – 30，中商情报网，http：//www. askci. com/news/201301/30/30 1885358654. shtml.

［65］周立群，李家祥．滨海新区发展报告 2014［M］．天津：天津人民出版社，2014.